Etudes bibliques pour enfants
1 & 2 SAMUEL

PUBLICATIONS

Priorité
enfants

LENEXA, KANSAS (USA)

© 2010 Nazarene Publishing House

ISBN 978-1-56344-555-2

Editeur, version anglais : Kimberly D. Adams
Directeur, programme Quiz biblique pour enfants : Jenni Monteblanco
Editeur, versions non anglais : Scott Stargel
Comité de rédaction : Dan Harris, Anya Motley, Nate Owens, Beula Postlewait
Traducteurs : Kay Lynn Perry et Papy Bata

Publié originalement en anglais sous le titre :
  Children's Bible Studies in 1 and 2 Samuel
  Copyright © 2009
  Published by Beacon Hill Press of Kansas City
  A Division of Nazarene Publishing House

  This edition published by arrangement
  with Nazarene Publishing House
  Kansas City, Missouri USA

Publications Priorité Enfants
17001 Prairie Star Parkway
Lenexa, KS 66220 (USA)
En collaboration avec les Ministères auprès des enfants international y
Global Nazarene Publications.

La première concours de quiz biblique pour enfants, créé par le révérend William Young, a été présenté à l'assemblée de 1968 pour le Nazarene Young People's Society Convention (actuellement la JNI) à Kansas City, Missouri (USA). Il y avait trois équipes de démonstration du district de Kansas City: Kansas City First, Kansas City Saint-Paul, et Overland Park.

Bienvenue !

Bienvenue aux *Etudes bibliques pour enfants : 1 et 2 Samuel* ! Avec ce recueil des études bibliques, les enfants apprennent au sujet de la sainteté de Dieu et sa fidélité à son peuple, même quand ils font des mauvais choix.

Etudes bibliques pour enfants : 1 et 2 Samuel est un de six livres dans la série, *Etudes bibliques pour enfants*. Ces études aident les enfants à comprendre la chronologie biblique aussi bien que la signification des événements bibliques. Comme les enfants apprennent sur les vies des personnes dans ces études, ils découvrent l'amour de Dieu pour toutes personnes et leur place dans son plan. Dieu fait souvent des miracles pour accomplir ses buts. Toutefois, il préfère travailler avec les personnes pour les accomplir.

La philosophie derrière les *Etudes bibliques pour enfants* est d'aider les enfants à comprendre ce que la Bible dit, apprendre comment Dieu aidait les personnes, et connaitre Dieu à travers une relation personnelle avec lui. Le tout s'accomplit en étudiant la Bible, apprenant des versets par cœur, et appliquant les vérités bibliques à la vie quotidienne.

La série *Etudes bibliques pour enfants* emploie *La Bible du Semeur* pour la plupart de chaque étude et la version Louis Segond pour les versets à retenir.

Les livres

Ci-dessous se trouvent des descriptions courtes des livres en série, et comment ils se rapportent l'un à l'autre.

Genèse pourvoient la fondation. Ce livre raconte que Dieu a créé le monde du néant, a formé l'homme et la femme, et a créé un beau jardin pour eux. Ces personnes ont péché, et Dieu les a punit. Genèse introduit le projet de Dieu pour réconcilier la relation cassée entre lui et les personnes. Il introduit Adam, Eve, Noé, Abraham, Isaac, et Jacob. Dieu a fait l'accorde avec Abraham (Genèse 15) et l'a renouvelé avec Isaac et Jacob. Genèse se termine par l'histoire de Joseph, comme il sauve toute la civilisation de la famine, et le peuple de Dieu s'installent en Egypte.

Exode raconte que Dieu continuait à tenir sa promesse à Abraham de Genèse 15. Il a libéré les Israélites de l'esclavage en Egypte. L'Eternel a choisit Moïse pour les guider. L'Eternel s'installait comme roi d'Israël. Il dirigeait et gouvernait Israël à travers l'établissement du sacerdoce et le tabernacle, les Dix commandements et autres lois, et les prophètes et juges. A la fin d'Exode, seulement une partie de l'accorde avec Abraham est achevée.

Josué, Juges et Ruth raconte que Dieu achevait son accorde qui commençait en Genèse 15. Enfin, les Israélites conquéraient le pays que Dieu avait promis à Abraham et s'y installaient. Les prophètes, les prêtres, la loi, et les rites d'adoration ont tous déclaré que Dieu était le seigneur et roi des Israélites. Les 12 tribus d'Israël s'installaient à la Terre promise. Cette étude met l'emphase sur les trois juges suivants : Déborah, Gédéon et Samson.

Dans **1 et 2 Samuel,** les Israélites voulaient un roi parce que les autres pays avaient des rois. Ces livres racontent les histoires de Samuel, Saül et David. Jérusalem est devenu le centre du pays uni d'Israël. Cette étude montre que les personnes réagissent différemment quand elles sont confrontées avec leurs péchés. Tandis que Saül blâmait les autres, ou bien trouvait des excuses, David reconnaissait son péché et demandait le pardon de Dieu.

Mathieu est le cœur de la série entière. Il se concentre sur la naissance, la vie et le ministère de Jésus. Tous les autres livres dans la série indiquent Jésus comme fils de Dieu et le Messie. Jésus inaugurait une nouvelle ère, et les enfants l'apprennent à travers plusieurs choses : ses enseignements, sa mort, sa résurrection et son parrainage de ses disciples. Maintenant, Dieu a fournit un moyen d'avoir une relation avec lui à travers Jésus.

Au début du livre d'**Actes,** Jésus est monté au ciel, et Dieu a envoyé le Saint-Esprit pour aider l'église. La bonne nouvelle du salut par Jésus-Christ circulait à plusieurs régions du monde. Les croyants prêchaient l'Evangile aux gentils, et l'œuvre missionnaire commençait. Le message de l'amour de Dieu transformait les juifs aussi bien que les gentils. Il y a un rapport direct entre les efforts évangéliques de Paul et Pierre et les vies des gens aujourd'hui.

Le cycle

Le cycle d'étude suivant est suggéré en particulier pour ceux qui prendront part aux concours optionnels sur les *Etudes bibliques pour enfants.*

1 et 2 Samuel (2010-11)

Mathieu (2011-12)

* Actes (2012-13)

Genèse (2013-14)

Exode (2014-15)

Josué/Juges/Ruth (2015-16)

* 1 et 2 Samuel (2016-17)

* *Veut dire une année où il y aura un Concours mondial.*

Le programme

Etudes bibliques pour enfants comprend vingt études. Prévoyez 60 à 120 minutes pour chaque réunion. Le programme suivant en est suggéré.

- 15 minutes pour l'**Activité**
- 30 minutes pour **la Leçon biblique**
- 15 minutes pour **le Verset à retenir**
- 30 minutes pour **les Activités supplémentaires** *(facultatives)*
- 30 minutes pour **les Questions d'essai pour le concours** *(facultatives)*

Préparer

La préparation exhaustive de chaque étude est importante. Les enfants sont plus attentifs et comprennent mieux l'étude si l'enseignant(e) le prépare bien et le présent bien. Les **caractères gras** dans chaque étude indiquent les paroles qu'on suggère que l'enseignant(e) dit aux enfants. Les étapes suivantes conseilleront l'enseignant(e) comme il ou elle prépare chaque étude.

Etape 1 – La vue d'ensemble. Lisez le Verset à retenir, la Vérité biblique, le Cœur de la leçon et les Conseils pédagogiques.

Etape 2 – La page biblique et le commentaire biblique. Lisez les versets de la page biblique de l'étude et l'information du Commentaire biblique, y compris toutes Paroles de notre foi et des Personnes, endroits et choses.

Etape 3 – L'activité. Cette partie comprend un jeu ou autre activité pour préparer les enfants à apprécier la leçon biblique. Familiarisez-vous avec l'activité, les instructions et les fournitures impliqués. Apportez les fournitures nécessaires à la classe et montez l'activité avant l'arrivée des enfants.

Etape 4 – La leçon biblique. Révisez la leçon et apprenez-la bien afin que vous puissiez la raconter comme une histoire. Les enfants veulent que l'enseignant(e) raconte l'histoire au lieu de la lire du livre. Employez les Paroles de notre foi et les Personnes, endroits, et choses de chaque leçon pour fournir d'information supplémentaire comme vous racontez l'histoire. Apres l'histoire, employez les questions fournis. Elles aideront les enfants à comprendre l'histoire et à la mettre en pratique dans leurs vies.

Etape 5 – Le verset à retenir. Apprenez le verset à retenir afin que vous puissiez l'enseigner aux enfants. Une liste des versets à retenir et des activités suggérés pour les répéter se trouvent à la page 129. Choisissez parmi les activités pour aider les enfants à apprendre les versets par cœur. Familiarisez-vous avec l'activité que vous avez choisie. Lisez les instructions et préparez les fournitures. Apportez les fournitures nécessaires à la classe.

Etape 6 – Les activités supplémentaires. Les activités supplémentaires sont optionnelles. Elles augmenteront l'étude biblique des enfants. Beaucoup de ces activités demandent des fournitures, des ressources et du temps supplémentaires. Familiarisez-vous avec les activités que vous choisissez. Lisez les instructions et préparez les fournitures. Apportez des fournitures nécessaires à la classe.

Etape 7 – L'entrainement pour le concours de quiz. Le concours de quiz est la partie compétitive des *Etudes bibliques pour les enfants*. Le concours de quiz est optionnel. Si vous choisissez y participer, passez du temps à préparer les enfants. Il y a des questions d'essai pour chaque étude. Les premières dix questions sont destinées au niveau élémentaire de concours. Ces questions plus simples ont trois réponses possibles chacune. Les prochaines dix questions sont destinées au niveau supérieur de concours. Ces questions plus détaillées ont quatre réponses possibles chacune. Les enfants, conseillés par l'enseignant(e), choisissent leur niveaux de concours. Selon le nombre des enfants et les ressources disponible, vous ne pouvez offrir que le niveau élémentaire ou que le niveau supérieur. Avant que vous demandiez les questions d'essai, lisez la page d'écriture aux enfants.

Le concours de quiz biblique

Le concours de quiz biblique pour enfants est une partie optionnelle des *Etudes bibliques pour enfants*. Chaque église et chaque enfant décident s'ils participeront à la série des concours.

Les concours de quiz suivent les règles ci-dessous. Les enfants ne rivalisent pas les uns avec les autres pour déterminer un seul gagnant. Les églises ne rivalisent pas les uns avec les autres pour déterminer une église gagnante.

L'objectif du programme des concours de quiz est d'aider les enfants à reconnaitre ce qu'ils ont appris de la Bible, à s'amuser aux concours, et à grandir leurs capacités de montrer des attitudes et conduites chrétiennes pendant les concours.

Dans le programme des concours de quiz, chaque enfant s'impose un défi d'atteindre un niveau de prix. De cette approche, les enfants se comparent à une base de connaissances, non aux autres enfants. Les concours de quiz emploient des questionnaires à choix multiples, ainsi chaque enfant peut répondre à chaque question. Un questionnaire à choix multiples emploie des questions avec plusieurs réponses chacune, et l'enfant choisit la bonne réponse. Ainsi, c'est possible pour tout enfant de gagner.

Les fournitures de quiz biblique

Chaque enfant a besoin de Chiffres de quiz afin de répondre aux questions. Ces Chiffres sont des carrés en carton avec des languettes en haut avec les numéros 1, 2, 3 et 4 respectivement. Ils se rangent dans une boite en carton.

Les Chiffres et boites de quiz, illustrés ici, sont disponibles sur commande de la Maison de publications nazaréennes à Kansas City en Missouri aux Etats-Unis.

Si les Chiffres et boites de quiz ne sont pas disponibles dans votre région, vous pouvez aussi bien les faire vous-même de papier, d'assiettes en papier, de bois, ou de quoi que vous avez à la main. Chaque enfant a besoin d'un jeu de Chiffres de quiz.

Chaque groupe d'enfants a besoin d'une personne chargée de noter leurs réponses. Il y a une feuille de points à copier à la page 134. Servez-vous de cette feuille pour noter les réponses de chaque enfant.

Si possible, offrez quelque espèce de prix pour la performance des enfants à chaque épreuve de Quiz biblique. Des prix suggérés sont : des certificats, autocollants, rubans, trophées et médailles.

Les règles et procédures officiels de Concours de quiz biblique pour enfants

Veuillez suivre ces règles. Les concours qui ne s'opèrent pas selon *Les règles et procédures officiels de Concours de quiz biblique pour enfants* n'auront pas droit aux concours plus élevés.

LES ÂGES

Les enfants de 1° à 6°* peuvent participer au concours de quiz biblique. Les enfants de 7° participent au concours pour la jeunesse.

LE CONCOURS AU NIVEAU ÉLÉMENTAIRE

Ce niveau de concours est destiné aux concurrents jeunes ou débutants. Les concurrents plus âgés qui préfèrent un concours plus facile peuvent également prendre part du niveau élémentaire. Les questions au niveau élémentaire sont plus simples. Il y a trois réponses pour chaque question, et il y a quinze questions dans chaque manche. Le responsable de Concours de quiz biblique pour enfants du district ou de la région choisit les questions et la quantité de manches à chaque Concours de quiz biblique. La plupart des concours ont deux ou trois manches.

LE CONCOURS AU NIVEAU SUPÉRIEUR

Ce niveau de concours est destiné aux concurrents plus âgés ou expérimentés. Les concurrents plus jeunes qui préfèrent un concours plus difficile peuvent également prendre part du niveau supérieur. Les questions au niveau supérieur sont plus étendues. Il y a quatre réponses pour chaque question, et il y a vingt questions dans chaque manche. Le responsable de Concours de quiz biblique pour enfants du district ou de la région choisit les questions et la quantité de manches à chaque épreuve de quiz biblique.

Changer de niveau

Les enfants peuvent changer de niveau seulement pour les concours sur invitation. Ainsi c'est plus facile pour les dirigeants et les enfants de fixer le meilleur niveau pour chaque enfant.

Pour les concours de zone/secteur, de district et de région, le dirigeant local doit inscrire les enfants soit pour le niveau élémentaire soit pour le niveau supérieur. L'enfant doit participer au même niveau aux concours de zone/secteur, de district et de région.

LES GENRES DE CONCOURS

Le concours sur invitation

Un concours sur invitation implique deux ou plus églises locales. Les dirigeants de quiz aux niveaux local, de zone ou de district peuvent organiser des concours sur invitation. Celui qui organise un tel concours est chargé de préparer les questions pour ledit concours.

Le concours de zone/secteur

Chaque district peut avoir des groupements des églises qui sont appelés des «zones». Si un zone a plus de concurrents au quiz biblique qu'un autre, le dirigeant de quiz biblique du district peut diviser ou combiner les zones afin de créer des secteurs avec une distribution plus équitable des concurrents. Le mot «secteur» veut dire que les zones sont combinées ou divisées.

Les églises qui se situent dans chaque zone/secteur prendre part aux concours de ce

---

*En général, ces niveaux sont pour les enfants de 6 à 12 ans.

zone/secteur. Le dirigeant de quiz biblique du district organise le concours.

Les questions pour les concours de zone/secteur sont les officielles. Envoyez un courrier électronique à pour demander ces questions du Bureau générale du concours de quiz biblique pour enfants.

Le concours de district

Les enfants s'avancent du concours de zone/secteur au concours de district. Le dirigeant de quiz biblique du district détermine les critères du concours et l'organise.

Les questions pour le concours de district sont les officielles. Envoyez un courrier électronique à pour demander ces questions du Bureau générale du concours de quiz biblique pour enfants.

Le concours de région

Le concours de région est un concours s'impliquant deux ou plus districts.

Quand il y a un dirigeant de quiz biblique de la région, il ou elle détermine les critères du concours et l'organise. S'il n'y a pas un tel dirigeant de la région, les dirigeants des districts impliqués l'organisent.

Les questions pour le concours de région sont les officielles. Envoyez un courrier électronique à pour demander ces questions du Bureau générale du concours de quiz biblique pour enfants.

Le concours mondial

Toutes les quatre années, un concours mondial est organisé par le bureau des Ministères auprès des enfants internationales (MAEI). MAEI fixe les dates, les lieux, les couts, les dates de qualification et le procédé de qualification pour tout concours mondial.

LE DIRIGEANT DE QUIZ BIBLIQUE DU DISTRICT

Le dirigeant de quiz biblique du district gère tout concours selon *Les règles et procédures officiels de Concours de quiz biblique pour enfants*. Il ou elle est autorisé(e) à introduire des procédés supplémentaires pour le quiz biblique dans son district, pourvu qu'ils ne soient pas en désaccord avec *Les règles et procédures officiels de Concours de quiz biblique pour enfants*. Le dirigeant de district contacte le Bureau générale du quiz biblique pour enfants des Ministères auprès des enfants internationales (MAEI), s'il y a lieu, pour demander un changement particulier dans *Les règles et procédures officiels de Concours de quiz biblique pour enfants* pour son district. Le dirigeant de quiz biblique du district prend des décisions et ressoude les problèmes selon les grandes lignes de *Les règles et procédures officiels de Concours de quiz biblique pour enfants*. Il ou elle contacte le Bureau générale du concours de quiz biblique pour enfants pour une décision officielle sur une question particulière, si besoin est.

LE DIRIGEANT DE QUIZ BIBLIQUE DE LA RÉGION

Le dirigeant de quiz biblique de la région forme une équipe de quiz régionale, comprise de tout dirigeant de quiz biblique des districts de sa région. Celui-ci reste en contact avec cette équipe pour assurer que les procédés soient en accord partout dans la région. Il ou elle gère et organise les concours régionaux selon *Les règles et procédures officiels de Concours de quiz biblique pour enfants*. Il ou elle contacte le Bureau générale du concours de quiz biblique pour enfants des Ministères auprès des enfants internationales (MAEI), s'il y a lieu, pour demander un changement particulier dans *Les règles et procédures officiels de Concours de quiz biblique pour enfants* pour sa région. Il ou elle ressoude tout conflit qui survient selon les grandes lignes de *Les règles et procédures officiels de Concours de quiz biblique pour enfants*. Il ou elle contacte le Bureau générale du concours de quiz biblique pour enfants pour une décision officielle sur une question particulière, si besoin est. Il ou elle contacte le Bureau générale du concours de quiz biblique pour enfants afin que la date du concours régional soit noté sur le calendrier de l'église générale.

Aux Etats-Unis et au Canada, le dirigeant de quiz biblique de la région est un rôle qui se développe. A présent, celui-ci ne préside pas les dirigeants de quiz biblique des districts sur la région.

LE MENEUR DE JEU

Le meneur de jeu lit les questions au concours de quiz biblique. Celui-ci lit la question et les réponses à choix multiples deux fois avant que les enfants répondent à la question. Il ou elle suit *Les règles et procédures officiels de Concours de quiz biblique pour enfants* établis par le Bureau générale du concours de quiz biblique pour enfants et le dirigeant de quiz biblique du district ou de la région. En cas de conflit, l'autorité définitive reste chez le dirigeant de quiz biblique du district ou de la région, qui consulte *Les règles et procédures officiels de Concours de quiz biblique pour enfants*. Le meneur de jeu peut discuter avec les compteurs de points et le dirigeant du district ou de la région concernant une objection. Le meneur de jeu peut annoncer un temps mort.

LE COMPTEUR DE POINTS

Le compteur de points note les réponses d'un groupe d'enfants. Il ou elle peut discuter avec autres compteurs de points et le dirigeant de quiz biblique du district ou de la région concernant une objection. Tous les compteurs de points doivent utiliser la même méthode et les mêmes symboles pour assurer une synthèse correcte des points.

LES QUESTIONS OFFICIELLES DU CONCOURS

Le dirigeant de quiz biblique du district est la seule personne de chaque district qui peut obtenir une copie des questions officielles des concours de zone/secteur et de district.

Le dirigeant de quiz biblique de la région est la seule personne de la région qui peut obtenir une copie des questions officielles des concours régionaux. S'il n'y a pas un dirigeant de la région, un seul dirigeant de district impliqué peut les obtenir.

Les formulaires de commande pour les questions officielles seront envoyés par courrier électronique le mois de décembre chaque année. Contactez le Bureau générale du concours de quiz biblique pour enfants à pour les mettre au courant de votre adresse email. Ceux qui demandent les questions officielles les recevront par courrier électronique avant la mi-janvier.

LES MÉTHODES DE CONCOURS

Il y a deux méthodes de concours.

La méthode individuelle

Avec la méthode individuelle de concours, les enfants sont en compétition en tant qu'individus. Le score de chaque enfant est indépendant. Les enfants d'une église peuvent s'asseoir ensemble, mais les scores des enfants ne sont pas additionnés pour trouver un score d'église ou d'équipe. Il n'y a pas de questions bonus pour les concurrents.

La méthode individuelle est la seule méthode qui peut être utilisée dans les concours au niveau élémentaire.

La méthode combinée

La méthode combinée s'agit des individus aussi bien que des équipes. Avec cette méthode, les églises peuvent envoyer des concurrents individuels, des équipes ou une combinaison au concours.

Le dirigeant de quiz biblique du district détermine le nombre d'enfants qu'il faut pour former une équipe. Toute équipe doit avoir le même nombre de concurrents. Le nombre recommandé est quatre ou cinq.

Les enfants venant des églises sans assez de concurrents pour former équipe peuvent participer en tant qu'individus.

Avec la méthode combinée, les équipes ont droit aux questions bonus. Les points gagnés pour les bonnes réponses aux questions bonus sont ajoutés au score total de l'équipe, au lieu d'un score individuel. Il y a des questions bonus avec les questions officielles pour les concours de zone/secteur, de district, et de région. Normalement les questions bonus demandent qu'on récite un verset à retenir.

Le dirigeant de quiz biblique du district choisit la méthode individuelle ou la méthode combinée pour le niveau supérieur du concours.

LES MATCHS NULS

On ne met jamais fin aux matchs nuls, ni entre concurrents individuels ni entre équipes. Tout concurrent individuel ou équipe avec un match nul gagne la même reconnaissance, le même prix et le même droit de jouer au prochain niveau de concours.

LES QUESTIONS BONUS

Les questions bonus sont employées au niveau supérieur, mais seulement avec les équipes, jamais avec les concurrents individuels. Les équipes doivent gagner le droit à la question bonus. Les questions bonus se produisent après les questions 5, 10, 15 et 20.

Afin de gagner le droit à la question bonus, une équipe ne peut avoir plus de réponses incorrectes que le nombre de membres de l'équipe. Par exemple, une équipe de quatre membres

peut avoir quatre réponses incorrectes ou moins. Une équipe de cinq membres peut avoir cinq réponses incorrectes ou moins.

Les points bonus gagnés pour une bonne réponse sont ajoutés au score total de l'équipe, et pas le score d'un concurrent individuel.

Le dirigeant de quiz biblique du district détermine comment les enfants répondent aux questions bonus. Normalement l'enfant donne verbalement la réponse au compteur de points.

Avant la lecture de la question bonus, le dirigeant local de quiz biblique choisit un membre de l'équipe à répondre à la question bonus. Le même enfant peut répondre à toute question bonus au concours, ou bien un enfant distinct peut répondre à chaque question bonus.

LES TEMPS MORTS

Le dirigeant de quiz biblique du district détermine le nombre de temps morts pour chaque église. Chaque église reçoit le même nombre de temps morts, peu importe le nombre de concurrents individuels ou d'équipes de cette église. Par exemple, si le dirigeant du district décide de donner un temps mort, chaque église reçoit un seul temps mort.

Le dirigeant de quiz biblique du district détermine si et quand un temps mort obligatoire se produira pendant le concours.

Le dirigeant local de quiz biblique est la seule personne de son église locale qui peut annoncer un temps mort pour son équipe.

Le dirigeant de quiz biblique du district ou le meneur de jeu peut annoncer un temps mort à tout moment.

Le dirigeant de quiz biblique du district, avant le début du concours, détermine la durée des temps morts pour le concours. Tout temps mort sera d'une durée égale.

LA CONCRÉTISATION

Il y a deux méthodes de concrétisation. Le dirigeant de quiz biblique du district choisit la méthode.

Cinq points

- Décernez cinq points pour toute bonne réponse. Par exemple, si un enfant répond sans faute à vingt questions pendant une manche au niveau supérieur, il ou elle gagne 100 points.

- Décernez cinq points pour toute bonne réponse bonus pendant une manche au niveau supérieur avec équipes. Par exemple, si tout membre d'une équipe de quatre personnes répond sans faute à vingt questions pendant une manche au niveau supérieur et l'équipe répond sans faute à quatre questions bonus, l'équipe gagne 420 points.

Les points au niveau élémentaire sont moins élevés, comme il n'y a que quinze questions par manche, et il s'agit de la méthode individuelle seulement.

Un point

- Décernez un point pour toute bonne réponse. Par exemple, si un enfant répond sans faute à vingt questions pendant une manche au niveau supérieur, il ou elle gagne vingt points.

- Décernez un point pour toute bonne réponse bonus pendant une manche au niveau supérieur avec équipes. Par exemple, si tout membre d'une équipe de quatre personnes répond sans faute à vingt questions pendant une manche au niveau supérieur et l'équipe répond sans faute à quatre questions bonus, l'équipe gagne quatre-vingts-quatre points.

Les points au niveau élémentaire sont moins élevés, comme il n'y a que quinze questions par manche, et il s'agit de la méthode individuelle seulement.

LES OBJECTIONS

Les objections doivent être l'exception, et se font rarement pendant un concours.

Ne soulevez une objection qu'au cas où la réponse notée comme correcte dans les questions soit en fait incorrecte selon la référence biblique avec cette question. Les objections soulevées pour tout autre raison sont nulles.

Ni un concurrent, ni un dirigeant de quiz, ni aucun autre participant au concours ne peut soulever une objection parce qu'il n'aime pas la formulation d'une question ou d'une réponse, ni parce qu'il pense qu'une question est trop difficile ou peu claire.

Le dirigeant local de quiz biblique est la seule personne qui peut soulever une objection à une question de concours.

Si quelqu'un, autre que le dirigeant local de quiz biblique, essaie de soulever une objection, ladite objection est immédiatement déclarée nulle.

Les personnes qui soulèvent des objections nulles perturbent le concours et provoquent la distraction chez les enfants. Les personnes qui continuent à soulever des objections nulles ou qui causent des problèmes en disputant les décisions aux objections perdront le privilège de soulever des objections pour la durée du concours.

Le dirigeant de quiz biblique du district, ou le meneur de jeu à défaut du dirigeant, est autorisé d'enlever le privilège de soulever des objections de toute personne qui abuse du privilège.

Le dirigeant de quiz biblique du district détermine comment soulever une objection à une question avant le début du concours.

- L'objection sera faite à l'écrit ou à l'orale ?

- A quel moment peut-on soulever une objection (pendant une manche ou à la fin) ?

Le dirigeant de quiz biblique du district doit expliquer aux dirigeants locaux le procédé pour soulever une objection au début de l'année de quiz biblique.

Le meneur de jeu et le dirigeant de quiz biblique du district suivent ces étapes en jugeant des objections :

- Déterminez si l'objection est fondée ou non. Pour le faire, écouter la raison de l'objection. Si la raison est bonne, c'est-a-dire la réponse notée comme correcte est en fait incorrecte selon la référence biblique, suivez le procédé d'objection indiqué par le district.

- Si la raison pour l'objection n'est pas bonne, annoncez ce fait, et le concours continue.

Si plus qu'une personne soulève une objection à la même question, le meneur de jeu ou le dirigeant du district sélectionne un dirigeant local pour expliquer la raison de l'objection. Après une objection sur une question est soulevée, personne ne peut soulever une autre objection à la même question.

Si l'objection est fondée, le dirigeant de quiz biblique du district, ou le meneur de jeu à défaut du dernier, détermine comment faire face à la question protestée. Choisit une des options suivantes :

Option A : Eliminer la question protestée, sans la remplacer. Ainsi une manche de vingt questions devient une manche de dix-neuf questions.

Option B : Donner tout enfant les points qu'il ou elle recevrait pour une bonne réponse a la question protestée.

Option C : Remplacer la question protestée. Poser aux concurrents une autre question.

Option D : Les enfants qui ont donné la réponse notée comme correcte dans les questions officielles, permettre qu'ils gardent leur points. Poser une autre question aux enfants qui ont donné une réponse incorrecte.

LES NIVEAUX DE PRIX

L'esprit du Quiz biblique pour enfants est que chaque enfant a l'occasion de répondre à toute question, et que chaque enfant gagne reconnaissance pour toute bonne réponse donnée. Donc, le Quiz biblique pour enfants implique un concours à choix multiple, et on ne met jamais fin aux matchs nuls.

Ni les enfants ni les églises ne rivalisent les uns avec les autres. Ils se rivalisent pour obtenir un niveau de prix. Tout enfant et toute église qui obtient le même niveau de prix gagne le même prix. On ne met jamais fin aux matchs nuls.

Les niveaux de prix conseillés :

- Prix de bronze = 70-79% correcte
- Prix d'argent = 80-89% correcte
- Prix d'or = 90-99% correcte
- Prix d'or cinq étoiles = 100% correcte

Résoudre toute question dessus les points et les objections avant de décerner les prix. Le meneur de jeu et les compteurs de points doivent s'assurer que tout score final est juste avant la remise de prix.

Ne jamais enlever un prix d'un enfant après qu'il ou elle l'a reçu. S'il y a une erreur, un enfant peut recevoir un prix plus haut mais jamais un prix plus bas. Cette règle est en vigueur pour les prix individuels ainsi que les prix d'équipes.

LA DÉONTOLOGIE DU CONCOURS

Le dirigeant du quiz biblique du district est celui qui est charge de gérer les concours selon *Les règles et procédures officiels de Concours de quiz biblique pour enfants.*

1, **Ecouter les questions avant le concours.** Bien que les concours emploient les mêmes questions, il n'est pas correct que les enfants ou les travailleurs assistent à un autre concours de zone/secteur, de district ou de région avant de participer à leur propre concours du même niveau. Si un travailleur adulte assiste à un autre concours, le dirigeant de quiz biblique du district peut interdire à l'église de participer à leur concours. Si un parent ou un enfant assiste à un autre concours, le dirigeant de quiz biblique du district peut interdire à l'église de participer à leur concours.

2, **La conduite et la disposition des travailleurs.** Les adultes doivent se tenir d'une manière professionnelle et chrétienne. Une discussion sur un désaccord avec le dirigeant de quiz biblique du district, le meneur de jeu ou les compteurs de points doit être faite en privé. Les travailleurs adultes aux concours de quiz ne doivent pas révéler d'information à propos le désaccord aux enfants. Un esprit de coopération et le sens du fair-play sont importants. Les décisions et les jugements du dirigeant de quiz biblique du district sont définitifs. Transmettez ces décisions aux enfants et aux adultes avec un ton positif.

TRICHER

La triche est grave. Traitez-la ainsi.

Le dirigeant de quiz biblique du district, avec le Conseil des ministères auprès des enfants du district, prend les décisions de politique à suivre en cas de la triche chez un enfant ou une adulte pendant un concours.

Assurez-vous que tout dirigeant local des ministères auprès des enfants, tout pasteur d'enfants et tout dirigeant local de quiz biblique reçoive le politique et le procédé du district.

Avant d'accuser une adulte ou un enfant de tricher, obtenez une indication ou un témoin qu'il ou elle a triché.

Voici un procédé à titre d'exemple. Assurez-vous que le concours ne soit pas interrompu, et que la personne accusée ne soit pas embarrassée devant les autres.

- Si vous soupçonnez qu'un enfant a triché, demandez à quelqu'un de surveiller le coin du concours, mais n'indiquez pas l'enfant suspect. Après quelques questions, demandez à celui qui a surveillé son opinion. S'il ou elle n'a vu aucun triche, continuez avec le concours.

- Si celui qui a surveillé a vu un enfant en trichant, demandez qu'il ou elle l'affirme. N'agissez pas avant que tout le monde soit sure.

- Expliquez le problème au dirigeant local de quiz biblique, and demandez qu'il ou elle parle avec la personne accusée en privé.

- Le meneur de jeu, celui qui a surveillé et le dirigeant local de quiz biblique doivent continuer à surveiller pour voir si la triche continue.

- Si la triche continue, le meneur de jeu et le dirigeant local de quiz biblique doivent parler avec la personne accusée en privé.

- Si la triche continue encore, le meneur de jeu doit dire au dirigeant local de quiz biblique que le score de l'enfant sera éliminé de la concurrence officielle.

- Au cas où un compteur de points ait triché, le dirigeant de quiz biblique du district lui demandera de partir. Un nouveau compteur de points prendra la place.

- Au cas où un membre du public ait triché, le dirigeant de quiz biblique du district fera face à la situation d'une manière aussi appropriée que possible.

DÉCISIONS SUSPENDUS

Consulter le Bureau générale du concours de quiz biblique pour enfants concernant les décisions suspendus.

VERSET À RETENIR

« Car les yeux du Seigneur sont sur les justes et ses oreilles sont attentives à leur prière, mais la face du Seigneur est contre ceux qui font le mal »

(1 Pierre 3.12)

VÉRITÉ BIBLIQUE

Dieu se soucie de notre bien-être, et il écoute nos prières.

CŒUR DE LA LEÇON

Avec cette étude, les enfants apprendront que Dieu nous aime et veut notre adoration. La prière est une façon de lui adorer. Dieu écoute nos prières.

CONSEILS PÉDAGOGIQUES

Racontez aux enfants une instance ou Dieu vous a répondu « oui » à une prière importante que vous avez priée. Rappelez aux enfants que Dieu écoute et répond à toute prière. Il ne répond pas toujours « oui ». Parfois la réponse est « attends » ou « non ». Il veut quand même écouter les enfants, et ils ne doivent pas hésiter à prier sur aucun sujet.

Lisez 1 Samuel 1.1-28 et 2.11. Samuel était un prophète important dans une période cruciale de l'histoire d'Israël. Sa vie a commencé à circonstances miraculeuses.

Anne, la mère de Samuel, avait du mal à concevoir. Dans sa culture, sa stérilité lui a couvert de honte. Peninna, la deuxième épouse de son mari, lui a tourmenté. Anne priait Dieu pour un fils.

Sa prière n'était pas égoïste. Elle voulait avoir un enfant pour trois raisons au moins : plaire son mari, soulager sa honte, et mettre fin au supplice de Peninna. Anne jurait de consacrer son fils au service de Dieu.

Dieu a donné un fils à Anne, et elle lui a consacré à l'Eternel, comme elle a promit. Son sacrifice entrainait des bénédictions, à elle ainsi qu'à la nation d'Israël.

LES CARACTÉRISTIQUES DE DIEU

- Dieu nous écoute quand nous prions.
- Dieu répond à nos prières.

LES PAROLES DE NOTRE FOI

- **La prière** est une conversation avec Dieu comprenant également parler et écouter. Nous pouvons prier à toutes heures, en tous endroits, sur toutes choses.

PERSONNES

- **Elqana** était le père de Samuel.
- **Anne** était la femme d'Elqana et la mère de Samuel.
- **Peninna** était la deuxième femme d'Elqana.
- **Eli** était le prêtre à Silo.
- **Samuel** était le fils d'Elqana et Anne. Anne lui a consacré à l'Eternel avant sa naissance.

ENDROITS

- **Ramataïm** était le village où habitait Elqana et sa famille. **Rama** était le surnom de Ramataïm. Ce village se situait à 30km au nord de Jérusalem.

- **Silo** était la ville où se trouvait le temple.

- **Le Temple** était un lieu de culte. Il était conçu pour une grande assemblée.

ACTIVITÉ

Avant l'arrivée des enfants, choisissez un endroit à quelques minutes de votre salle de clase, soit à l'intérieur ou à l'extérieur. Il doit être aussi grand pour accueillir tous les enfants. A cet endroit, créez de pierres un autel simple. Cet autel représentera le temple à Silo. Au temple, Elqana et sa famille adoraient l'Eternel et lui offraient des sacrifices.

Dites, **Aujourd'hui nous allons faire un tour de pied pour mieux comprendre l'expérience des personnes se trouvant dans notre histoire.**

Conduisez les enfants à l'endroit que vous avez préparé. Là, chantez avec les enfants une ou deux chansons de louange. Demandez à un enfant de prier.

Dites, **Dans l'Ancien testament, les gens voyageaient de loin au Temple pour adorer l'Eternel. Peut-être quelques-uns de vous ont loin voyagé aujourd'hui. Nous allons apprendre l'histoire d'Elqana qui conduisait sa famille au Temple pour adorer Dieu et lui offrir des sacrifices. Ils voyageaient à peu près 30km au Temple. Elqana et sa famille ne faisaient le voyage qu'une fois par année, parce que c'était un long voyage. Nous avons fait ce tour à pied pour adorer Dieu et pour prier. Toutefois, nous ne sommes pas obliger de voyager pour adorer ou prier. Nous pouvons adorer Dieu et prier à tout endroit et à toute heure !**

Rentrez à la salle de clase.

LA LEÇON BIBLIQUE

Préparez l'histoire suivante, adaptée de 1 Samuel 1.1-28 et 2.11, avant de la raconter aux enfants.

Elqana venait de Ramataïm. Il avait deux femmes, Anne et Peninna. Peninna avait des enfants, mais Anne n'en avait pas.

Chaque année cet homme se rendait de sa ville à Silo avec sa famille pour adorer au Temple. Le prêtre au Temple s'appelait Eli. Il avait deux fils qui étaient aussi des prêtres. Au Temple, Elqana adorait l'Eternel et lui offrait des sacrifices. Le jour où Elkana offrait son sacrifice, il donnait des portions à Peninna, sa femme, et à tous les enfants qu'il avait d'elle. Mais il donnait à Anne une double part ; parce qu'il l'aimait, bien que le Seigneur l'avait empêchée d'avoir des enfants. Peninna lui vexait tant qu'elle pleurait et ne mangeait point.

Au Temple à Silo, Anne priait Dieu en pleurant à chaudes larmes. Elle faisait un vœu à l'Eternel. Elle lui demandait de lui donner un fils. En échange, elle rendrait à Dieu ce fils. Il habiterait à Silo et apprendrait du prêtre Eli. Anne jurait aussi que jamais il ne se ferait coupé des cheveux. Ceci était une façon de se consacrer à l'Eternel.

Pendant qu'elle priait, ses lèvres bougeaient, mais on n'entendait pas sa voix. Eli ne comprenait pas ce qu'elle faisait, alors qu'il lui accusait d'être ivre. Eli lui a dit, « Combien de temps encore veux-tu étaler ton ivresse ? » « Non, mon seigneur, je suis très malheureuse, et je n'ai bu ni vin ni boisson alcoolisée ; mais j'épanchais mon cœur devant l'Éternel. Ne me considère pas comme une femme perverse. Si j'ai prié aussi longtemps, c'est parce que mon cœur débordait de chagrin et de douleur » elle a répondu. Apres qu'elle a tout expliqué à Eli, il lui a bénit. Anne n'était plus triste.

Le lendemain, Elqana et Anne adoraient l'Eternel, et ensuite ils se sont rentrés chez eux à Rama.

L'Eternel a écouté Anne et a répondu à sa prière. Elle est devenue enceinte et a mit au monde un garçon. Elle l'a appelé Samuel, disant, « Car je l'ai demandé à l'Eternel. »

La prochaine fois que se rendait Elqana à Silo pour offrir des sacrifices, Anne n'y est pas allée. Elle a dit à Elqana « J'attends que l'enfant soit sevré, alors je l'emmènerai pour le présenter à l'Éternel et il restera là-bas pour toujours ». Traditionnellement les mères allaitaient les enfants jusqu'à l'âge de deux ou trois ans. Elqana soutenait sa décision d'attendre.

Quand elle l'a sevré, elle l'a emmené avec elle à Silo, en apportant un sacrifice avec eux. Anne a dit à Eli, « Je suis cette femme qui me tenais ici près de toi pour prier l'Éternel. C'était pour obtenir cet enfant que je priais, et l'Éternel m'a accordé ce que je lui demandais. A mon tour, je veux le consacrer à l'Éternel : pour toute sa vie il lui sera consacré ».

Samuel restait au Temple à Silo avec Eli. Eli formait Samuel comme serviteur de l'Eternel.

Encouragez les enfants à répondre aux questions suivants. Il n'y a ni réponses correctes ni incorrectes. Ces questions aideront les enfants à comprendre l'histoire et à l'appliquer à leurs vies.

1, Elqana voyageait à peu près 30km pour adorer l'Eternel. A quelle distance voyageriez-vous pour lui adorer ?

2, Anne priait Dieu pour un fils. Pourquoi croyait-elle qu'il lui répondrait ?

3, Pourquoi aurait-elle céder son fils unique ? Comment croyez-vous qu'elle se sentait ?

4, Comment est-ce que le verset à retenir (1 Pierre 3.12) se rapporte à cette histoire ?

Dites aux enfants, **Dieu se soucie de votre bien-être, et il écoute vos prières. Vous pouvez lui parler de toutes choses. Il veut vous écouter quand vous vous inquiéter. Il veut le savoir quand vous êtes tristes et quand vous êtes heureux. Il vous aime, et il vous écoute. Remerciez Dieu maintenant pour son amour et son soin. Remerciez-le pour vous écouter les prières.**

VERSET À RETENIR

Répéter le verset à retenir. Vous trouverez des suggestions à la page 131.

LES ACTIVITÉS SUPPLÉMENTAIRES

Choisissez entre les idées suivantes pour améliorer l'apprentissage des enfants.

1, Comparez l'expérience d'Anne (prier pour un fils et le prêter à Dieu) aux expériences de ces autres femmes de la Bible : Sara (Genèse 17.15-18 ; 21.1-7), Elisabeth (Luc 1.5-25, 57-66), Marie (Luc 1.26-38 ; 2.1-7). Lisez ces écritures aux enfants. Demandez, **Comment réagissait-elle chaque femme quand elle a appris qu'elle aurait un fils ? Quels genres de foi montraient ces femmes ?**

2, Pour réviser l'histoire, raconter les bonnes expériences et les expériences difficiles dans la vie d'Anne. Ensuite, racontez les bonnes expériences et les expériences difficiles dans votre vie. Finalement, racontez quelles expériences d'Anne peuvent vous aider ou vous encourager.

QUESTIONS D'ESSAI POUR LE CONCOURS ÉLÉMENTAIRE

Pour préparer les enfants pour le concours, lisez-les 1 Samuel 1.1-28 et 2.11.

1 Laquelle des épouses d'Elqana ne pouvait pas avoir d'enfants ? (1.2,5)

1, Anne
2, Peninna
3, Aucune des deux.

2 A quelle ville se rendait Elqana pour adorer l'Eternel et lui offrir des sacrifices ? (1.3)

1, Rama
2, Silo
3, Tsouph

3 Quelle chose donnait Elqana à Anne le jour du sacrifice ? (1.4-5)

1, Rien
2, Une portion de la viande
3, Une double part de la viande

4 Pourquoi est-ce qu'Elqana à donné une double part de la viande à Anne ? (1.5)

1, Il l'aimait, et elle n'avait pas d'enfants.
2, Il voulait mettre Peninna en colère.
3, Les deux réponses sont bonnes.

5 Que faisait Anne pendant qu'elle était à Silo ? (1.10)

1, Elle pleurait beaucoup.
2, Elle priait Dieu.
3, Les deux réponses sont bonnes.

6 Si Dieu lui accorderait un fils, qu'est-ce qu'Anne jurait de faire ? (1.11)

1, Elle rendrait à Dieu ce fils.
2, Elle ne couperait jamais ses cheveux.
3, Les deux réponses sont bonnes.

7 Qui a dit à Anne, « va en paix, et que le Dieu d'Israël exauce la requête que tu lui as adressée » ? (1.17)

1, Elqana
2, Peninna
3, Eli

8 Quel nom a donné Anne à son fils ? (1.20)

1, Hophni
2, Phinéas
3, Samuel

9 Où est-ce qu'Anne a emmené Samuel après qu'il soit sevré ? (1.24)

1, Au temple à Bethléem
2, Au sanctuaire de l'Eternel à Silo
3, Aux collines d'Ephraïm

10 Pendant combien de temps serait Samuel consacré à l'Eternel ? (1.28)

1, Jusqu'à l'âge de 18 ans
2, Toute sa vie
3, Jusqu'à l'âge de 12 ans

QUESTIONS D'ESSAI POUR LE CONCOURS SUPÉRIEUR

1 Que faisait Elqana chaque année à Silo ? (1.3)

1, Il rendait visite aux parents.
2, Il cultivait les champs de son frère.
3, Il offrait des sacrifices et adorait l'Eternel
4, Toutes ces réponses sont bonnes.

2 Combien de portions de la viande à donné Elqana à Peninna ? (1.4)

1, Assez pour elle et ses enfants
2, Une double part seulement pour elle
3, Des doubles portions pour elle et ses enfants
4, Aucune de ces réponses n'est bonne.

3 Pourquoi est-ce que Peninna vexait Anne ? (1.6)

1, Peninna voulait une double portion.
2, Peninna ne pouvait pas avoir des enfants.
3, Anne ne pouvait pas avoir des enfants.
4, Toutes ces réponses sont bonnes.

4 Quoi pensait Eli quand il observait Anne comme elle priait ? (1.12-13)

1, Anne dormait.
2, Anne était trop bruiteuse.
3, Anne était ivre.
4, Anne était trop silencieuse.

5 Apres Eli a accusé Anne d'être ivre, qu'est-ce qu'elle lui a dit ? (1.15-16)

1, « Je suis très malheureuse. »
2, « J'épanchais mon cœur devant l'Eternel. »
3, « Si j'ai prié aussi longtemps, c'est parce que mon cœur débordait de chagrin et de douleur. »
4, Toutes les réponses sont bonnes.

6 Pourquoi est-ce qu'Anne a nomme son fils Samuel ? (1.20)

1, Eli lui a dit de nommer son fils Samuel.
2, Anne demandait à l'Eternel un fils.
3, C'était le nom du père d'Elqana.
4, C'était le surnom d'Elqana.

7 Quand est-ce qu'Anne présenterait Samuel devant l'Eternel ? (1.22)

1, Quand il aurait 12 ans
2, Quand il commencerait à marcher
3, Quand il aurait 18 ans
4, Quand il serait sevré

8 Pour combien de temps habiterait Samuel au Temple ? (1.22)

1, Pendant 18 ans
2, Jusqu'à ce que l'Eternel lui parlerait
3, Pour toujours
4, Pendant 12 ans

9 Qui formait Samuel comme serviteur de l'Eternel ? (2.11)

1, Le prêtre Eli
2, Elqana
3, Hophni
4, Phinéas

10 Complétez ce verset : « Car les yeux du Seigneur sont sur les justes et ses oreilles sont attentives à leur prière, mais la face du Seigneur est … » (1 Pierre 3.12)

1, « . . . contre ceux qui font le mal. »
2, « . . . près de ceux qui font le mal. »
3, « . . . contre ceux qui font le bien. »
4, « . . . contre ceux qui lui désobéissent. »

VERSET À RETENIR

« Car j'honorerai celui qui m'honore, mais ceux qui me méprisent seront méprisés » (1 Samuel 2.30d).

VÉRITÉ BIBLIQUE

Dieu honore ceux qui lui écoutent et lui obéissent.

CŒUR DE LA LEÇON

Avec cette étude, les enfants apprendront que Dieu peut nous demander de faire des choses difficiles. Il veut que nous lui obéissent.

CONSEILS PÉDAGOGIQUES

Faites savoir les enfants qu'il est peu probable que Dieu leur parlera à haute voix. Parfois, il parle quand on lui écoute dans la prière. Il nous parle à travers la Bible, les autres personnes, la musique, et autres façons.

1 SAMUEL 2.12-29, 34-35 ; 3.1-4.1

COMMENTAIRE BIBLIQUE

Lisez 1 Samuel 2.12-19 ; 34-35 ; 3.1-4.1. Comme garçon, Samuel vivait au Temple, et il servait sous Eli. A cette époque, « la parole de l'Eternel» était rare. Cela veut dire que Dieu ne parlait pas au peuple à travers des prophètes. Les dirigeants religieux s'étaient corrompus, et ils ne faisaient pas correctement leurs fonctions religieuses. Les coupables les plus graves étaient Hophni et Phinéas, les fils méchants d'Eli. Eli leur réprimandait, mais il n'a rien fait pour cesser leurs actions.

Une nuit, l'Eternel parlait à Samuel. Il lui expliquait tout ce qui allait se passer à Eli et à ses fils. Eli demandait à Samuel de lui raconter ce que Dieu disait. La première prophétie de Samuel était délicate. Dieu allait punir et remplacer l'ancienne famille des prophètes à cause de leurs péchés.

Samuel était un serviteur fidèle qui livrait la parole de Dieu précisément. Quand tout était passé exactement comme Samuel avait dit, le peuple l'accueillait comme prophète de Dieu.

CARACTÉRISTIQUES DE DIEU

- Dieu nous parle, et il veut que nous lui écoutions.
- Dieu nous demande parfois de faire des choses difficiles.

PERSONNES

- **Hophni** et **Phinéas** étaient les fils d'Eli. Ils étaient des prêtres à Silo, mais ils étaient méchants.
- Un **prophète** est celui qui est choisi par Dieu de recevoir et livrer ses messages au gens. Un prophète parle pour Dieu.

ENDROITS

- **La tente de la Rencontre** était un autre nom pour le Temple. C'était un lieu de culte pour les Israélites. Samuel y habitait avec Eli.
- **Tout Israël, depuis Dan jusqu'au Beer-Chéba**, veut dire le pays d'Israël du nord au sud.

CHOSES

- Un **éphod** est un vêtement sans manches en lin. Les prêtres en mettaient *(Louis Segond)*.
- **L'encens** est une matière qu'on brule dessus un autel comme offrande à Dieu. Ça sent bon.

ACTIVITÉ

Pour préparer cet activité, ramasser des diverses objets qui produisent des sons reconnaissables.

Dites aux enfants de se détourner, afin qu'ils ne puissent pas vous voir. Dites : **Je vais faire quelques sons. Apres chaque son, levez vos mains si vous savez quel objet a produit ce son.**

Faites un son, et demandez à un enfant d'expliquer au groupe quel objet a produit ce son. Répétez jusqu'à ce que tout objet soit identifié. Dites : **Aujourd'hui, vous avez bien écouté pour distinguer ce que vos oreilles ont entendus. Nous allons apprendre l'histoire d'un jeune garçon qui écoutait bien à quelque chose qui était difficile à distinguer.**

LEÇON BIBLIQUE

Préparez l'histoire suivante, adaptée de 1 Samuel 2.12-29, 34-35 ; 3.1-4a, avant de la raconter aux enfants.

Durant un sacrifice, le prêtre découpait la graisse de la viande et le consacrait à Dieu. Le prêtre mettait la viande qui restait dans une marmite pour les offrandes brulées. Les prêtres prenaient une portion de la viande comme paiement pour leur service. Le prêtre piquait dans la marmite avec une fourchette, et il gardait quoi que ce soit qu'il faisait en sortir.

Les fils d'Eli étaient des vauriens qui ne se souciaient pas de l'Eternel. Ils ne suivaient pas le système de sacrifices dessiné par Dieu. Ils demandaient leurs portions de la viande avant de faire le sacrifice, et ils menaçaient d'en prendre par la force. Ils désiraient la viande de choix, y inclus la graisse. Ils manquaient complètement de respect pour Dieu quand ils profanaient les offrandes faites à l'Eternel.

Samuel ne vivait différemment que les fils d'Eli. Il accomplissait son service en présence de l'Eternel. Chaque année, sa mère lui confectionnait un petit vêtement qu'elle lui apportait. L'Eternel bénissait Anne à cause de sa fidélité, et il lui donnait trois fils et deux filles.

Eli apprenait tous les actions de ses fils. Il leur demandait, « Pourquoi agissez-vous ainsi ? » Mais les fils ne tenaient aucun compte de l'avertissement de leur père. Mais le jeune Samuel continuait à croitre et il gagnait de plus en plus la faveur de Dieu et celle des hommes.

Un homme de Dieu venait à Eli, et il lui donnait un message de l'Eternel. « J'ai choisi tes ancêtres parmi toute les tribus d'Israël d'être mes prêtres. Tu as choisi d'honorer tes fils au lieu de moi. Tes fils, Hophni et Phinéas, vont tous deux mourir le même jour. Ensuite je me choisirai un prêtre fidèle. »

A cette époque, l'Eternel parlait rarement aux hommes. Les révélations qu'il leur montrait n'étaient pas fréquentes. Une nuit, comme Samuel dormait, l'Eternel lui appelait. Il courait vers Eli et lui a dit : « Tu m'as appelé, je suis la. » « Je n'ai pas appelé » lui a dit Eli. « Retourne te coucher. »

Samuel allait se recoucher. La même chose est arrivée deux fois de plus. Samuel pensait qu'Eli lui appelait. Alors Eli comprenait que c'était l'Eternel qui appelait le jeune garçon.

Eli lui a dit : « Va, couche-toi, et si on t'appelle, tu diras : « Parle, Eternel, car ton serviteur écoute. » »

L'Eternel venait se placer près de lui et appelait : « Samuel ! Samuel ! »

Alors Samuel a dit : « Parle, car ton serviteur écoute. »

Alors l'Eternel dit a Samuel : « J'accomplirai à l'égard d'Eli toutes les menaces que j'ai prononcées contre sa famille, du début à la fin. » Eli n'avait pas péché à la même manière de ses fils, mais il laissait continuer ses actions iniques. Eli montrait qu'il aimait ses fils plus qu'il aimait Dieu.

Samuel restait couché jusqu'au matin. Il redoutait de devoir rapporter à Eli ce qui venait de lui être révélé. Mais Eli lui demandait quoi disait l'Eternel. Alors Samuel lui rapportait toutes les paroles de l'Eternel sans rien cacher. Eli déclarait : « C'est l'Eternel. Qu'il fasse ce qu'il jugera bon ! »

Samuel grandissait, et l'Eternel était avec lui. Il se révélait à Samuel à Silo. Tout Israël, depuis Dan jusqu'à Beer-Chéba, reconnaissait que Samuel était vraiment prophète de l'Eternel. Tout Israël écoutait les paroles de Samuel.

Encouragez les enfants à répondre aux questions suivants. Il n'y a ni réponses correctes ni incorrectes. Ces questions aideront les enfants à comprendre l'histoire et à l'appliquer à leurs vies.

1, Lesquels étaient les péchés de Hophni et Phinéas ?

2, Pourquoi est-ce que l'Eternel a punit la maison d'Eli si seulement ses fils ont péché ? Est-ce que c'était juste ?

3, Dieu a parlé à Eli à travers un prophète, selon 1 Samuel 2.27-36. La Bible ne nous dit pas comment a répondu Eli. Quelle réaction pensez-vous qu'il avait ?

4, Personne n'a entendu la voix de l'Eternel depuis longtemps. Enfin, Dieu parlait à Samuel au lieu d'Eli, le chef des prêtres. Pourquoi faisait Dieu ainsi ?

5, Le verset à retenir de cette étude est 1 Samuel 2.30. « Car j'honorerai celui qui m'honore, mais ceux qui me méprisent seront méprisés ». Que signifie ce verset à propos de cette histoire ?

6, Imaginez que vous étiez Samuel et vous écoutiez la parole de l'Eternel. Transmettriez-vous à Eli tout ce que l'Eternel a dit ? Comment pensez-vous que Samuel ressentait quand il donnait le message de Dieu à Eli ?

Avez-vous des amis qui n'écoutent pas Dieu ou ne lui obéissent pas ? Parfois on veut suivre ses amis à ne pas obéir à Dieu. Mais Dieu honore ceux qui lui écoutent et lui obéissent. Parce que Samuel écoutait Dieu et lui obéissait, Dieu lui honorait. Pareillement, Dieu vous honorera si vous lui obéissez. Vous honorez Dieu quand vous lisez la Bible, et obéissez à Dieu, à vos parents, et à vos enseignants.

VERSET À RETENIR

Répéter le verset à retenir. Vous trouverez des suggestions à la page 131.

ACTIVITÉS SUPPLÉMENTAIRES

Choisissez entre les idées suivantes pour améliorer l'apprentissage des enfants.

1, Préparez un parcours d'obstacles pour votre classe. Utilisez des chaises, des tables, des cartons, ou quoi que vous avez. Fournissez un morceau de tissue pour bander les yeux.

Demandez : **Quelle était la différence entre les fils d'Eli et Samuel, par rapport à leurs relations avec Dieu ? Voyons comment c'est important d'écouter la bonne voix.**

Laissez un enfant aux yeux bandés traverser le parcours. Guidez-le avec vos instructions verbales.

Demandez : **Pourquoi c'est important que nous écoutions Dieu ? Quelles en sont les conséquences quand nous ne lui écoutons pas ? Vous m'avez écouté, et Samuel écoutait Dieu. C'est important que vous écoutiez Dieu et lui obéissez. Racontez-nous d'une fois quand vous écoutiez Dieu et lui obéissiez.**

2, Lisez Exode 3.1-9 et Actes 9.10-16. Dites : **Nous avons lu que Dieu parlait directement à Moise et à Ananias. Dieu parlait directement à Samuel, et Samuel a entendu sa voix. Comment est-ce que l'expérience de Samuel était différente des autres ? Comment étaient-ils pareilles ?**

3, Lisez 1 Samuel 2.26. Dites : **Il y a un verset pareil à Luc 2.52. Lisez ce verset. Demandez : Qui est décri par le verset Luc 2.52 ? Pourquoi sont ces versets importants aux enfants ?** Invitez les enfants d'inventer des gestes pour montrer comment Samuel et Jésus grandissaient.

QUESTIONS D'ESSAI POUR LE CONCOURS ÉLÉMENTAIRE

Pour préparer les enfants pour le concours, lisez-les 1 Samuel 2.12-29, 34-35, 3.1-4.1.

1 Pourquoi le péché des fils d'Eli était très grave aux yeux de l'Eternel ? (2.17)

1, Ils étaient des prêtres mais refusaient de travailler au temple.

2, Ils profanaient les offrandes faites à l'Eternel.

3, Les deux réponses sont bonnes.

2 Combien d'enfants encore avait Anne ? (2.21)

1, Deux fils et une fille

2, Trois fils et trois filles

3, Trois fils et deux filles

3 Que faisait les fils d'Eli quand il les avertissait ? (2.25)

1, Ils écoutaient.

2, Ils n'écoutaient pas.

3, Ils écoutaient un peu.

4 Quelles choses continuaient à augmenter chez Samuel ? (2.26)

1, L'hauteur physique

2, La faveur de Dieu et celle des hommes

3, Les deux réponses sont bonnes.

5 Qui est-ce que L'Eternel a dit à Eli qu'il choisira ? (2.35)

1, Un prêtre fidèle

2, Les fils d'Eli

3, Eli

6 À l'époque quand Samuel accomplissait le service de l'Eternel auprès d'Eli, quand est-ce que l'Eternel parlait aux hommes ? (3.1)

1, Souvent

2, Rarement

3, Quotidiennement

7 Que faisait Samuel la première fois que l'Eternel lui a appelé ? (3.5)

1, Il courait vers Eli.

2, Il disait à Eli : « Tu m'as appelé, je suis la ».

3, Les deux réponses sont bonnes.

8 Combien des paroles de l'Eternel racontait Samuel à Eli ? (3.18)

1, Presque toutes les paroles

2, Toutes les paroles

3, Aucune des paroles

9 Qui reconnaissait que Samuel était vraiment un prophète de l'Eternel ? (3.20)

1, Tout Israël

2, Tout Egypte

3, Toute l'humanité

10 Finissez ce verset : « Car j'honorerai celui qui m'honore, mais ceux qui ... »(1 Samuel 2.30d).

1, « . . . me méprisent seront méprisés ».

2, « . . . ne me respectent pas seront punit ».

3, « . . . me haïssent trouveront du mal ».

QUESTIONS D'ESSAI POUR LE CONCOURS SUPÉRIEUR

Pour préparer les enfants pour le concours, lisez-les 1 Samuel 2.12-29, 34-35, 3.1-4.1.

1 Quand est-ce qu'Anne donnait le vêtement qu'elle lui confectionnait ? (2.19)

1, Quand elle venait avec son mari offrir le sacrifice annuel

2, Deux fois chaque année

3, L'anniversaire de Samuel

4, Quand l'Eternel lui a dit de le faire

2 Que disait Eli à ses fils quand il entendait dire comment ils agissaient envers les Israélites ? (2.22-23, 25)

1, Pourquoi agissez-vous ainsi ?

2, J'apprends de tout le peuple votre mauvaise conduite.

3, Si quelqu'un pèche contre l'Eternel lui-même, qui interviendra en sa faveur ?

4. Toutes les réponses sont bonnes.

3 Que disait l'homme de Dieu à Eli à propos de ses fils ? (2.34)

1, Hophni sera nommé le chef des prêtres.

2, Phinéas sera nommé roi.

3, Ils seront tous deux des prêtres après sa mort.

4, Ils mourront tous deux le même jour.

4 Qui comprenait que c'était l'Eternel qui appelait Samuel ? (3.8)

1, Hophni

2, Phinéas

3, Eli

4, Elqana

5 **Que disait Samuel la quatrième fois que Dieu lui a appelé ? (3.10)**

1, Parle, car ton serviteur écoute.

2, Eli, m'appelle-tu encore ?

3, Qui m'appelle ?

4, Eternel, s'il te plait, ne me parle pas.

6 **Pourquoi allait l'Eternel exercer son jugement contre Eli et sa famille pour toujours ? (3.13)**

1, Eli volait au peuple.

2, Eli et ses fils offraient les mauvais sacrifices.

3, Eli a su la faute de ses fils, et il ne les a pas châtiés.

4, Toutes les réponses sont bonnes.

7 **Quelle chose redoutait Samuel de devoir rapporter à Eli ? (3.15)**

1, Les péchés de Hophni et Phinéas.

2, Ce qui lui était révélé.

3, Qu'il dormait au temple.

4, Toutes les réponses sont bonnes.

8 **Que disait Eli après Samuel lui rapportait toutes les paroles de l'Eternel ? (3.18)**

1, C'est l'Eternel. Qu'il fasse ce qu'il jugera bon !

2, Je ne crois pas ces paroles de l'Eternel.

3, Pourquoi l'Eternel va agir ainsi à ma famille ?

4, Je ne pense pas que tu as bien compris l'Eternel.

9 **Quelle chose reconnaissait le peuple d'Israël chez Samuel ? (3.20)**

1, Qu'il était un garçon sage.

2, Qu'il allait être roi.

3, Qu'il était un prophète de l'Eternel.

4, Qu'il était un berger.

10 **Comment est-ce que l'Eternel se révélait à Samuel ? (3.21)**

1, A travers les fils d'Eli

2, A travers les conseils d'Elqana

3, A travers la parole de l'Eternel

4, Toute les réponses sont bonnes.

VERSET À RETENIR

« Nul n'est saint comme l'Éternel ; Il n'y a point d'autre Dieu que toi ; Il n'y a point de rocher comme notre Dieu » (1 Samuel 2.2).

VÉRITÉ BIBLIQUE

L'Eternel est le seul vrai Dieu.

CŒUR DE LA LEÇON

Avec cette étude, les enfants apprendront que l'Eternel est le seul vrai Dieu. Ils apprendront que l'Eternel a le pouvoir sur le mal.

CONSEILS PÉDAGOGIQUES

Rappelez aux enfants qu'il n'y a qu'un seul Dieu. Nous le servons. Il est le Dieu de la Bible. Il a un grand pouvoir. Il était plus puissant que le dieu philistin.

COMMENTAIRE BIBLIQUE

Lisez 1 Samuel 4.1-5.12. Le pays d'Israël n'avait pas des bonnes relations avec Dieu. Quelques personnes étaient fideles, mais les chefs se sont corrompus. Avec cette leçon, les enfants apprendront ce qui s'est passé aux chefs et aux Israélites par conséquence à leurs mauvaises relations avec Dieu.

Les Israélites ont perdu une bataille aux Philistins. Ensuite ils ont essayé de manipuler l'Eternel et aussi la prochaine bataille. Ils ont apporté le coffre de l'alliance de l'Eternel dans leur camp. Les Israélites ont perdu la seconde bataille, et les Philistins ont pris le coffre de l'alliance.

Phinéas et Hophni sont morts à la bataille. Israël n'a pas respecter l'alliance avec Dieu, et leur défaite à la bataille était le jugement de Dieu à la nation.

Les Philistins croyaient que leur dieu, Dagon, était plus puissant que l'Eternel. Il montrait que cette croyance n'était pas vraie quand il a cassé l'idole de Dagon et affligeait les Philistins avec des tumeurs.

CARACTÉRISTIQUES DE DIEU

- L'Eternel et le seul vrai Dieu.
- L'Eternel a le pouvoir sur le mal.

PERSONNES

- Un **homme de Benjamin** était membre de la tribu de Benjamin. Ils étaient descendus de Benjamin, fils de Jacob.
- Les **Philistins** étaient un peuple qui habitait près de la mer Méditerranée. Ils étaient des ennemis des Israélites.

ENDROITS

- **Asdod**, **Gath**, et **Ekron** étaient trois villes principales des Philistins.

CHOSES

- Le **coffre de l'alliance** de l'Eternel était une grande boite en bois, entièrement recouverte d'or. Les tables en pierre de l'alliance avec les dix paroles, la verge d'Aaron, et de la manne se trouvaient à l'intérieur du coffre. « Le coffre de l'alliance » et « le coffre de l'Eternel » s'équivalent. Le coffret représentait la présence de l'Eternel.

- **Dagon** était un des dieux adoraient par les Philistins. C'était le dieu de la récolte.

ACTIVITÉ

Ramassez les objets suivants pour cette activité :

- Un ballon ou un petit sac
- Un petit objet, tel qu'une pièce, une pierre, ou un bouton.

Associez les enfants en deux équipes. Une des équipes aura plus d'enfants que l'autre. La plus grande équipe sera les Israélites. La plus petite sera les Philistins.

Demandez aux « Philistins » de se mettre en file à une coté de la salle. Pour créer un coffre, insérez un petit objet dans un ballon gonflé ou un sac. Placez le coffre à l'autre coté de la salle. Dites, **Nous avons caché le coffret dans un ballon parce que cela représente un objet saint. On ne peut pas le toucher.**

Demandez aux « Israélites » de se tenir entre les Philistins et le coffre. Chaque « Israélite » devra avoir son propre place. Les Israélites peuvent protéger le coffre seulement avec leur bras. Ils ne peuvent pas bouger les pieds. Les Israélites doivent rester à leurs places et essayer de toucher les Philistins comme ils avancent en direction du coffret.

Si un Israélite touche un Philistin, le Philistin est éliminé du jeu. Si les Israélites touchent tous les Philistins, les Israélites gagnent. Si les Philistins prennent le coffre, ils gagnent.

LEÇON BIBLIQUE

Préparez l'histoire suivante, adaptée de 1 Samuel 4.1-5.12, avant de la raconter aux enfants.

Les Philistins s'engageaient en bataille contre les Israélites. Ils ont tué à peu près 4 000 Israélites. Les anciens d'Israël ont décidé d'apporter le coffret de l'alliance de Silo et de l'apporter au camp de bataille. Ils croyaient que le coffre de l'alliance leur délivrera de leurs ennemis.

Lorsqu'ils sont arrivés au camp avec le coffre de l'alliance, les Israélites poussaient de grands cris de joie, et la terre en faisait ébranlée. Le bruit de ces cris était entendu par les Philistins. Quand ils ont appris que le coffre de l'alliance était au camp des Israélites, les Philistins avaient peur.

Toutefois, même qu'ils avaient tellement peur, les Philistins ne se repliaient pas. Au lieu, ils sont devenus plus désireux de lutter. Les Philistins livreraient bataille, et les Israélites faisaient battus. Il tombait d'Israël 30 000 soldats. Les Philistins ont pris le coffre de l'alliance, et les deux fils d'Eli, Hophni et Phinéas, sont morts.

Un soldat de Benjamin accourait du champ de bataille à Silo. Il avait des vêtements déchirés et la tête couverte de la poussière. Il rapportait à tout le monde que les Israélites faisaient battus, et que les fils d'Eli étaient morts, et que les Philistins ont pris le coffre de l'alliance. Quand il a donné la nouvelle, toute la ville poussait des cris. Les vêtements du soldat et la poussière sur sa tête étaient des symboles de son deuil.

Eli avait quatre-vingt-dix-huit ans, et il ne pouvait plus voir. Le soldat rapportait à Eli qu'Israël a éprouvé une grande défaite, que ses deux fils se sont morts, et que les Philistins ont pris le coffre de l'alliance. A peine a-t-il fait mention du coffre de l'alliance qu'Eli tombait de son siège à la renverse. Il rompait la nuque et mourait. Il était un homme vieux et pesant.

La femme de Phinéas attendait un bébé, et elle était sur le point d'accoucher. Quand elle a entendu la mauvaise nouvelle, elle se courbait et accouchait. Les douleurs étaient bien difficiles. Avant qu'elle soit morte, elle a appelé l'enfant I Kabod. I Kabod veut dire « nul gloire ». Elle croyait que la gloire de l'Eternel était partie d'Israël.

Les Philistins transportaient le coffre de l'alliance au temple de Dagon à Asdod, et ils le plaçaient à coté de la statue de Dagon. Dagon était un des dieux adorait par les Philistins. Le lendemain, les Asdodiens, qui s'étaient levés de bon matin, trouvaient Dagon étendu la face contre terre devant le coffre de l'Eternel. Ils prenaient Dagon et le remettaient à sa place. Le lendemain encore, ils trouvaient Dagon étendu la face contre terre. Cette fois, sa tête et ses deux mains étaient abattues sur le seuil. Ensuite l'Eternel frappait les Asdodiens de tumeurs.

Voyant qu'il en était ainsi, les Asdodiens disaient que le coffre ne devrait plus rester chez eux. Les princes des Philistins ont transféré le coffre à Gath. Par la suite, l'Eternel frappait les habitants de Gath de tumeurs.

Prochainement, les princes des Philistins ont transféré le coffre à Ekron. Les Ekroniens disaient aux princes de le renvoyer en Israël. Les Philistins qui ne mourraient pas étaient frappés de tumeurs, et les cris de la ville montaient jusqu'au ciel.

Encouragez les enfants à répondre aux questions suivants. Il n'y a ni réponses correctes ni incorrectes. Ces questions aideront les enfants à comprendre l'histoire et à l'appliquer à leurs vies.

1, Pourquoi est-ce que les ont apporté le coffre de l'alliance à la bataille ?

2, Les Israélites traitaient le coffre de l'alliance comme si c'était magique. Est-ce qu'ils avaient raison ou tort ? Pourquoi ?

3, Pourquoi est-ce que les Israélites étaient tristes et inquiets quand le coffre de l'alliance était pris ?

4, Imaginez que vous êtes des Philistins. Qu'en penseriez-vous quand la statue de Dagon s'est tombée par terre deux fois ?

5, A quel moment est-ce que les Philistins avaient peur des Israélites ? Pourquoi ?

6, Le verset à retenir de cette étude est « Nul n'est saint comme l'Éternel ; Il n'y a point d'autre Dieu que toi ; Il n'y a point de rocher comme notre Dieu » (1 Samuel 2.2). Que signifie ce verset à propos de cette histoire ?

Dites, Avec cette étude, nous avons appris que l'Eternel est le seul vrai Dieu. Nous ne devons adorer que lui. Dieu doit être le premier que nous adorons.

Nous avons aussi appris que l'Eternel a un grand pouvoir. Dagon est tombé face contre terre devant le coffre de l'alliance. Ceci montrait aux Philistins que l'Eternel avait plus de pouvoir que Dagon. Vous pouvez toujours vous confier en Dieu parce qu'il est le seul Dieu !

VERSET À RETENIR.

Répétez le verset à retenir. Vous en trouverez des suggestions à la page 131.

ACTIVITÉS SUPPLÉMENTAIRES

Choisissez entre les idées suivantes pour améliorer l'apprentissage des enfants.

1, Faites une carte de voyage du coffre de l'Eternel, trouvé à 1 Samuel 4.1-5.12. Etiquetez les villes et les régions. Dessinez des symboles pour représenter les événements qui y avaient lieu. Utilisez votre carte pour réviser l'histoire des Philistins qui ont pris le coffre de l'alliance. Un atlas biblique ou l'internet peut vous aider avec cette activité.

2, Expliquez ce que veut dire le mot manipuler : influencer habilement quelqu'un qu'il fasse comme vous le voulez. Demandez : **Avez-vous jamais essayer de manipuler l'Eternel ? Par exemple, avez-vous jamais lui promis que vous ferez quelque chose de bon, ou éviter de faire quelque chose de mal, s'il vous donnera quelque chose ?** Laissez répondre les enfants. Dites : **Les Israélites essayaient de manipuler Dieu quand ils apportaient le coffre à leur camp. Ils traitaient le coffre comme s'il avait des pouvoirs magiques. Essayer manipuler Dieu est une mauvaise idée. Par contre, qu'est-ce que nous devrions faire ?** (*Quelques réponses possibles : prier, essayer d'apprendre sa volonté, faire confiance à lui, et lui obéir.*)

QUESTIONS D'ESSAI POUR LE CONCOURS ÉLÉMENTAIRE

Pour préparer les enfants pour le concours, lisez-les 1 Samuel 4.1-5.12.

I **Où est-ce que les Israélites ont obtenu le coffre de l'alliance après les Philistins les ont battus à Afek ? (4.3-4)**

1, Rama
2, Ephraïm
3, Silo

2 **Comment se sentaient les Philistins quand ils entendaient les cris chez les Israélites ? (4.7)**

1, Ils étaient tranquilles.
2, Ils avaient peur.
3, Ils étaient joyeux.

3 **Combien de soldats d'Israël sont morts à la bataille après ils ont apporté le coffre de l'alliance au camp ? (4.10)**

1, 30 000
2, 20 000
3, 10 000

4 **Lesquels des suivants sont morts à la bataille quand les Philistins ont pris le coffre de l'alliance ? (4.11)**

1, Samuel et Eli
2, Hophni et Phinéas
3, Samuel et Anne

5 **Qu'est-ce qu'il s'est passé quand Eli a appris que les Philistins ont pris le coffre de l'alliance ? (4.18)**

1, Il mourait.
2, Il priait.
3, Il pleurait.

6 **Quelle âge avait Eli quand il est mort ? (4.14-15, 18)**

1, 98 ans
2, 88 ans
3, 108 ans

7 **Qu'est-ce qu'il s'est passé quand la femme de Phinéas a entendu la nouvelle de la bataille avec les Philistins ? (4.19-20)**

1, Elle se courbait et accouchait.
2, Elle mourait.
3, Les deux réponses sont bonnes.

8 Comment est-ce que la femme de Phinéas a appelé son fils ? (4.21)

1, Phinéas

2, I Kabod

3, Samuel

9 Où est-ce que les Philistins ont mis le coffre de l'alliance après ils l'ont pris ? (5.2)

1, A Eben-Ezer

2, A coté de leur camp

3, A coté de Dagon dans son temple

10 Le lendemain après que les Philistins ont mis le coffre de l'alliance dans le temple de Dagon, qu'est-ce qu'ils ont vu ? (5.3)

1, Dagon par terre sur sa face devant le coffre de l'Eternel

2, Le coffre de l'alliance tombé par terre

3, Les deux réponses sont bonnes.

QUESTIONS D'ESSAI POUR LE CONCOURS SUPÉRIEUR

Pour préparer les enfants pour le concours, lisez-les 1 Samuel 4.1-5.12

1 Apres les Philistins ont vaincu les Israélites, les responsables d'Israël ont décidé de quoi faire avec le coffre de l'alliance ? (4.2-3)

1, Ils l'ont envoyé à Ephraïm

2, Ils l'ont livré aux Philistins.

3, Ils ont prié Dieu quoi faire avec le coffre.

4, Ils l'ont emmené de Silo à leur camp.

2 Qu'est-ce qu'il s'est passé quand le coffre est arrivé au camp des Israélites ? (4.5)

1, Tous les Israélites ont poussé des cris de joie.

2, Un orage est venu sur le camp.

3, Tous les Israélites ont eu peur.

4, Toutes les réponses sont bonnes.

3 Apres les Israélites ont emmené le coffre de l'alliance dans leur camp, quelle chose ont pris les Philistins au bataille ? (4.11)

1, Tous les approvisionnements des Israélites

2, Toutes les tentes des Israélites

3, Le coffre de l'alliance

4, Toutes les réponses sont bonnes.

4 Dans quel état était le soldat de Benjamin qui est venu à Silo pour signaler que les Philistins ont pris le coffre de l'alliance ? (4.12-13)

1, Il souffrait d'une blessure.

2, Il avait le visage sale, et les pieds nus.

3, Il avait des vêtements déchirés et la tête couverte de poussière.

4, Toutes les réponses sont bonnes.

5 Les habitants de Silo, comment ont-ils réagit à la nouvelle de la bataille avec les Philistins ? (4.13)

1, Ils ont réjouit.

2, Ils ont applaudit.

3, Ils ont poussé de grands cris.

4, Ils étaient silencieux.

6 Quelle nouvelle a apporté le soldat de Benjamin à Eli ? (4.17)

1, L'armée a perdu beaucoup de soldats.

2, Hophni et Phinéas étaient morts.

3, Les Philistins ont pris le coffre de l'alliance.

4, Toutes les réponses sont bonnes.

7 Comment est-ce qu'Eli a réagit à la nouvelle que les Philistins ont pris le coffre de l'alliance ? (4.17-18)

1, Il est tombé de son siège à la renverse.

2, Il s'est brisé la nuque.

3, Il est mort.

4, Toutes les réponses sont bonnes.

8 Que disait les Asdodiens quand l'Eternel les a affligés de tumeurs ? (5.6-7)

1, Allons vaincre les Israélites encore.

2, Nous ne sommes pas certains quoi faire avec le coffre.

3, Le coffre de l'Eternel d'Israël ne doit plus rester chez nous.

4, Toutes les réponses sont bonnes.

9 Qu'est-ce qu'il s'est passé quand les Philistins ont transféré le coffre à Gath ? (5.9)

1, Les habitants de Gath ont réjouit.

2, Les habitants de Gath ont été affligés de tumeurs.

3, Tous les habitants de Gath sont morts.

4, Toutes les réponses sont bonnes.

10 Finissez ce verset : « Nul n'est saint comme l'Éternel ; … » (I Samuel 2.2).

1, « . . . il n'y a rien qui peut tenir tête à toi. »

2, « . . . ta présence apporte la lumière ; ta parole donne la justice. »

3, « . . .il n'y a point d'autre Dieu que toi ; il n'y a personne comme notre Dieu. »

4, « . . .Il n'y a point d'autre Dieu que toi ; Il n'y a point de rocher comme notre Dieu. »

VERSET À RETENIR

O Dieu ! tes voies sont saintes ;
Quel dieu est grand comme
Dieu ? (Psaume 77.14)

VÉRITÉ BIBLIQUE

L'Eternel exige que toutes
personnes sachent qu'il est saint et
qu'ils lui respectent.

CŒUR DE LA LEÇON

Avec cette étude, les enfants
apprendront que Dieu est saint, et
qu'il veut que toutes personnes lui
respectent tout le temps.

CONSEILS PÉDAGOGIQUES

Avertissez les enfants du fait que
les 70 hommes qui sont morts ont
commis un délit grave. Ils ont fait
preuve d'un manque de respect
envers le coffre de l'alliance et
envers l'Eternel. Rassurez les
enfants que Dieu ne les foudroiera
pas à cause d'un péché.

COMMENTAIRE BIBLIQUE

Lisez 1 Samuel 6.1—7.1. Quand les Philistins ont pris le coffre de l'alliance, ils croyaient que leur dieu, Dagon, a vaincu l'Eternel. Apres sept mois des plaies, ils reconnaissaient qu'ils avaient tort. Les Philistins ont demandé à leurs prêtres comment renvoyer le coffre au Dieu des Israélites.

Les prêtres Philistins ont décidé de mettre des modèles en or des tumeurs et des rats sur un chariot avec le coffre. Ils forçaient deux vaches qui ont récemment accouché à remorquer cette charrette. Les vaches avec des veaux nouveaunés ne quittent normalement pas leurs veaux. Quand ces vaches quittaient leurs veaux et rapportaient le coffre à Israël, celui-ci a démontré que l'Eternel a conçu les plaies.

Le peuple d'Israël était heureux que les Philistins aient rendu le coffre. Quelques-uns des Israélites déshonoraient Dieu quand ils regardaient dans le coffre. Dieu causait la mort de 70 hommes. Les Israélites ont appris que Dieu est saint, et qu'ils doivent lui honorer.

Les Philistins ont pris le coffre, mais Dieu n'est pas faible. Il permettait aux Philistins de le prendre parce que les Israélites n'honoraient pas sa présence. La présence et le pouvoir de Dieu ne viennent qu'à ceux qui l'honorent, lui et son alliance. Ceux qui le refusent ou qui le déshonorent ne recevront point ses bénédictions.

CARACTÉRISTIQUES DE DIEU

- Dieu est saint, et il exige qu'on lui respecte.
- Dieu mérite nos louanges.

PAROLES DE NOTRE FOI

- **Etre saint** veut dire être parfait, complet, et pur. Cela veut aussi dire être consacré uniquement à l'usage de Dieu.

Dieu est saint. Il est différent de tout autre être ; tout en lui est bon et parfait.

PERSONNES

- **Les devins** sont des personnes qui essaient d'obtenir des conseils des dieux païens.

- **Abinadab** était un homme de la tribu de Juda. Il gardait le coffre chez lui après les Philistins l'ont rendu.

ENDROITS

- **Beth-Chémech** était une ville Israélite près de la frontière Philistine.

- **Qiryath-Yearim** était une ville qui se situait à peu près 12km de Jérusalem.

CHOSES

- **Un présent pour expier votre faute** est une offrande que donnaient les personnes quand ils ont commis un péché. On reconnait ses péchés quand on donne un présent pour expier son faute.

- **Un joug** est un harnais qui joint deux animaux afin qu'ils puissent remorquer ensemble une charrette ou une charrue.

ACTIVITÉ

Vous aurez besoin des objets suivants pour cette activité.

- Une petite boite

- Quelques petits bonbons ou morceaux de fruit.

Avant l'arrivée des enfants, mettez une chaise au centre de la salle. Mettez les autres chaises en file derrière cette chaise. Les chaises en file feraient face au dos de la seule chaise.

Choisissez un enfant à s'asseoir sur la seule chaise au centre. Mettez la boite, avec un seul bonbon dedans, derrière l'enfant. Expliquez les règles suivantes :

1. Demandez à l'enfant au centre de se fermer les yeux.

2. Montrez un autre enfant du doigt. Celui-ci cachera silencieusement la boite.

3. Demandez à l'enfant au centre de s'ouvrir les yeux, et d'essayer de deviner qui a caché la boite.

4. S'il devine correctement, il gagne le bonbon dans la boite. Sinon, celui qui l'a caché gagne le bonbon.

5. Ensuite choisissez un autre enfant à s'asseoir au centre. Continuez le jeu jusqu'à ce que chaque enfant gagne un bonbon ou un morceau de fruit.

Dites, **Quand tu avais la boite, comment est-ce que tu ressentais quand quelqu'un a pris la boite de toi ? Et quand tu as gagné enfin un bonbon (ou morceau de fruit) ? Aujourd'hui, nous allons apprendre ce qui s'est passé quand quelqu'un a rendu une chose spéciale au peuple de Dieu.**

LEÇON BIBLIQUE

Préparez l'histoire suivante, adaptée de 1 Samuel 6.1-7.1, avant de la raconter aux enfants.

Les Philistins gardaient le coffre de l'Eternel pendant sept mois. Ils reconnaissaient leur mal. Ils voulaient envoyer le meilleur présent pour expier leur faute et apaiser Dieu. Ils demandaient à leurs prêtres et à leurs devins comment rendre le coffre aux Israélites. Les Philistins voulaient le rendre, mais ils ne savaient pas comment le renvoyer. Les prêtres et devins leur disait de le renvoyer avec un présent pour expier leur faute, et ensuite Dieu guérirait les Philistins.

Les prêtres et les devins ont dit : « Offrez cinq rats en or et cinq tumeurs en or comme

présent. » Les rats et les tumeurs montraient l'intention des Philistins de rendre les plaies avec lesquelles Dieu les a affligés. La quantité de cinq symbolisait les cinq villes Philistins. L'or montrait leur respect pour Dieu.

Prochainement, les prêtres et les devins ont dit : « Ne vous obstinez pas comme les Egyptiens et le pharaon. Rappelez-vous qu'après avoir été malmenés par ce Dieu, ils ont dû laisser partir les Israélites. »

« Maintenant donc, fabriquez un chariot neuf et prenez deux vaches qui allaitent et qui n'ont pas encore porté le joug. Attelez-les au chariot et placez le coffre de l'Eternel sur le chariot. Déposez dans un coffret que vous mettrez à côté de lui les objets d'or que vous offrez à Dieu pour réparer votre faute. »

Quand les Philistins rendaient le coffre, ils mettaient Dieu à l'épreuve pour déterminer si les plaies n'étaient qu'une coïncidence. Les prêtres et les devins ont dit : « Laissez partir l'attelage. Suivez-le des yeux : si les vaches se dirigent vers la frontière du pays d'Israël du côté de Beth-Chémech, cela veut dire que c'est leur Dieu qui nous a infligé tous ces grands malheurs ; sinon, nous conclurons que ce n'est pas lui qui nous a frappés ; mais que cela nous est arrivé par hasard. »

Les Philistins ont tout fait comme a dit les prêtres et les devins. Les vaches sont allées directement vers Beth-Chémech. L'instinct maternel des vaches est de rentrer à leurs veaux nouveau-nés. Toutefois, ces vaches ne s'écartaient point de la route vers Beth-Chémech. Les princes des Philistins ont suivi le chariot, et ils reconnaissaient que l'Eternel leur affligeait des plaies.

Quand le peuple de Beth-Chémech ont vu le coffre, ils réjouissaient. On a fendit le bois du chariot et l'on a offrit les vaches en sacrifice à l'Eternel. Puisque le chariot et les vaches ont touché le coffre et étaient à la présence de Dieu, les Israélites les a offrit en holocauste. (Dans l'holocauste, l'animal est brûlé entièrement sur l'autel.)

Des Lévites prenaient le coffre de l'Eternel et le coffret contenant les objets d'or et ils les déposaient sur une grande pierre. Ce même jour, les habitants de Beth-Chémech offraient des holocaustes et d'autres sacrifices à l'Eternel. Mais Dieu n'avait pas l'intention que tout le monde puisse voir le coffret. Il avait instruit que les prêtres seuls étaient permis de le voir. Les Israélites ont manqué de respect pour Dieu lorsqu'ils exposaient le coffre sur la grande pierre que tout le monde puisse le voir.

Les cinq princes des Philistins ont tout vu, et ils rentraient à Ekron ce jour-la. Les cinq tumeurs et les cinq rats symbolisaient les cinq villes Philistins gouvernées par les cinq princes : Asdod, Gaza, Askalon, Gath et Ekron.

L'Eternel frappa 70 habitants de Beth-Chémech parce qu'ils avaient regardé dans le coffre de l'Eternel. Le peuple prenait le deuil. La sainteté de l'Eternel est une affaire grave. Le coffre symbolisait la présence de Dieu, et il ne permettait personne ni de s'approcher au coffre ni de le toucher.

Les habitants de Beth-Chémech se demandaient : « Qui pourrait subsister devant l'Eternel, ce Dieu saint ? » Ensuite, ils envoyaient des messagers aux habitants de Qiryath-Yearim. Ils ont dit : « Les Philistins ont restitué le coffre de l'Eternel, venez donc le chercher pour l'emporter chez vous. » Les gens de Qiryath-Yearim venaient prendre le coffre de l'Eternel et le transportaient dans la maison d'Abinadab. Ils ont établit son fils Eléazar comme gardien du coffre de l'Eternel.

Encouragez les enfants à répondre aux questions suivants. Il n'y a ni réponses correctes ni incorrectes. Ces questions aideront les enfants à comprendre l'histoire et à l'appliquer à leurs vies.

1, Pourquoi est-ce que les Philistins ont envoyé cinq rats en or avec le coffre ?

2, Pourquoi est-ce que les Philistins ont envoyé deux vaches qui n'ont pas encore porté le joug pour remorquer le chariot ?

3, Pourquoi est-ce que les Israélites réjouissaient quand ils ont vu de nouveau le coffre ?

4, Pourquoi est-ce que Dieu a frappé les 70 Israélites à la mort ?

5, Pensez-vous que les Philistins montraient plus de respect pour Dieu que les Israélites ? Pourquoi ou pourquoi pas ?

Les Philistins renvoyaient le coffre de l'alliance à Israël. Quelques Israélites adoraient Dieu, mais 70 d'entre eux ont désobéit à Dieu lorsqu'ils regardaient dans le coffre. Ces 70 hommes n'obéissaient pas les lois de Dieu à respecter le coffre. Ils n'honoraient pas Dieu. Dieu veut que nous le respections et que nous lui obéissions.

VERSET À RETENIR

Répétez le verset à retenir. Vous en trouverez des suggestions à la page 131.

ACTIVITÉS SUPPLÉMENTAIRES

Choisissez entre les idées suivantes pour améliorer l'apprentissage des enfants.

1, Ecrivez une note de journal, comme si vous étiez un des princes des Philistins qui suivaient les vaches qui remorquaient le chariot avec le coffre dessus. Demandez : « Comment pensez-vous qu'ils se ressentaient ? A votre avis, qu'est-ce qu'ils pensaient de Dieu ? »

2, Dites : « Quand les Philistins ont restitué le coffre, les Israélites réjouissaient. Toutefois, tout le monde ne le traitait pas avec le bon respect. Comment est-ce que vous montrez du respect pour Dieu ? Nous allons faire une liste des façons dont nous montrons du respect pour Dieu. »

Si les enfants ont mal à trouver des réponses, demandez-les comment les personnes montrent un manque de respect pour Dieu. Ensuite, demandez-les de transposer les réponses négatives aux réponses positives. Collaborer en faisant cette liste ou bien, affichez-le. Demandez : « Pourquoi devons-nous montrer du respect pour Dieu ? Qu'est-ce qu'il se passe quand nous le faisons ? Qu'est-ce qu'il se passe quand nous ne le faisons pas ? »

QUESTIONS D'ESSAI POUR LE CONCOURS ÉLÉMENTAIRE

Pour préparer les enfants pour le concours, lisez-les 1. Samuel 6.1-7.1.

1 Qu'est-ce que c'est que les prêtres et les devins ont dit aux Philistins d'envoyer avec le coffre ? (6.3)

1, 300 têtes de bétail
2, **Un présent pour expier leur faute**
3, De la nourriture et de l'eau

2 Qu'est-ce qu'il voudrait dire si le chariot avec le coffre aurait allé vers Beth-Chémech ? (6.9)

1, Les plaies sont arrivés par hasard.
2, **L'Eternel a frappé les Philistins des plaies.**
3, Les Israélites ont frappé les Philistins des plaies.

3 Combien de vaches remorquaient le chariot avec le coffre dessus ? (6.10)

1, Une

2, Deux

3, Trois

4 Les vaches qui remorquaient le chariot, comment ont-elles allées à Beth-Chémech ? (6.12)

1, Elles ont suivi toujours le même chemin, sans en dévier ni à droite ni à gauche.

2, Elles ont meuglé tout le chemin.

3, Les deux réponses sont bonnes.

5 Comment est-ce que les habitants de Beth-Chémech ont-ils réagit quand ils ont vu de nouveau le coffret ? (6.13)

1, Ils réjouissaient.

2, Ils se sont cachés.

3, Ils couraient en peur.

6 Qu'est-ce que c'est que les habitants de Beth-Chémech ont fait avec le chariot qui a porté le coffre ? (6.14)

1, Ils l'utilisaient pour transporter leur blé.

2, Ils le fendaient.

3, Ils le renvoyaient aux Philistins.

7 Où est-ce que les Lévites ont mis le coffre et le présent pour expier la faute des Philistins ? (6.15)

1, A coté du Jourdain

2, Dans le sanctuaire

3, Sur une grande pierre

8 Combien d'hommes sont morts parce qu'ils regardaient dans le coffre ? (6.19)

1, 70

2, 100

3, 20

9 Le peuple de Qiryath-Yearim transportait le coffre chez qui ? (7.1)

1, Abinadab

2, Samuel

3, Mitspa

10 Finissez ce verset : « O Dieu ! tes voies sont saintes ; Quel dieu ... » (Psaume 77.13)

1, « . . . est saint comme Dieu ? »

2, « . . . est grand comme Dieu ? »

3, « . . . peut subsister devant toi ?

QUESTIONS D'ESSAI POUR LE CONCOURS SUPÉRIEUR

Pour préparer les enfants pour le concours, lisez-les 1 Samuel 6.1-7.1.

1 Apres les Philistins ont possédé le coffre pendant sept mois, qu'est-ce qu'ils ont demandé a leurs prêtres et leurs devins ? (6.2)

1, « Que ferons-nous du coffre de l'Eternel ? »

2, « Comment pouvons-nous garder le coffre de l'Eternel ? »

3, « Comment pouvons-nous détruire le coffre de l'Eternel ? »

4. « Ou devons-nous cacher le coffre de l'Eternel ? »

2 Quel présent pour expier leur faute ont les Philistins envoyé avec le coffre ? (6.4)

1, Quatre chats en argent

2, Cinq tumeurs en or et cinq rats en or

3, Cinq chats en or et cinq rats en or

4, Cinq graines en or

3 Quelles sortes des vaches remorquaient le chariot ? (6.7)

1, Deux qui n'avaient pas de veaux
2, Quatre qui n'avaient jamais porté le joug
3, Trois qui n'avaient jamais porté le joug
4, **Deux qui avaient des veaux mais qui n'avaient jamais porté le joug**

4 Comment est-ce que les Philistins ont envoyé le présent pour expier leur faute ? (6.8)

1, **Dans un coffret à coté du coffre sur le chariot**
2, Sur le chariot tout seul
3, Porté par les princes
4, Sur le coffre sur le chariot

5 Qu'est-ce qu'il voudrait dire si le chariot aurait allé vers Beth-Chémech ? (6.9)

1, Les tumeurs et les maladies sont arrivés par hasard.
2, **L'Eternel a frappé les Philistins de tumeurs et de maladies.**
3, Les Israélites ont péché.
4, Toutes les réponses sont bonnes.

6 Qu'est-ce que c'est que les habitants de Beth-Chémech étaient en train de faire quand le chariot portant le coffre est arrivé ? (6.13)

1, **Ils moissonnaient le blé.**
2, Ils cueillaient les raisins.
3, Ils fêtaient.
4, Ils dormaient.

7 Qu'est-ce qu'il est arrivé aux vaches qui remorquaient le chariot ? (6.14)

1, **Les habitants de Beth-Chémech les ont offrit en holocauste à l'Eternel.**
2, Ils les ont renvoyés aux Philistins.
3, Ils les ont vendus.
4, Ils les ont donnés aux veuves de Beth-Chémech.

8 Pourquoi est-ce que les Philistins ont offert cinq rats en or à l'Eternel comme présent pour expier leur faute ? (6.18)

1, Il y avait cinq villes qui souffraient une plaie des rats.
2, **Il y avait cinq villes qui s'appartenaient aux cinq princes.**
3, Il n'y avait que cinq Philistins qui souffraient des tumeurs.
4, Toutes les réponses sont bonnes.

9 Où est-ce que les habitants de Beth-Chémech ont envoyé le coffre ? (6.20-21)

1, La maison d'Obed-Edom
2, Jérusalem
3, Eben-Ezer
4, **Qiryath-Yearim**

10 Les habitants de Qiryath-Yearim ont établi qui comme gardien du coffre de l'Eternel ? (7.1)

1, Samuel
2, Les fils d'Eli
3, **Eléazar**
4, Les habitants de Beth-Chémech

VÉRITÉ BIBLIQUE

Dieu nous permet de prendre des choix.

CŒUR DE LA LEÇON

Avec cette étude, les enfants apprendront que Dieu nous donne la liberté de prendre des choix. Dieu ne force pas les personnes à le suivre. Dieu veut qu'on choisit le suivre et l'aimer.

CONSEILS PÉDAGOGIQUES

Rappelez aux enfants que le Seigneur est fidèle. Dieu prolongeait sa fidélité aux israélites malgré leurs fautes. Il avait promis de les sauver des Philistins s'ils le suivaient.

COMMENTAIRE BIBLIQUE

Lisez 1 Samuel 7.2-8.22.

Samuel était en tête des israélites pendant vingt années. Ils cessaient d'adorer les dieux étrangers, et ils adoraient encore le Seigneur.

Les Philistins ont attaqué les israélites, et les israélites demandaient à Samuel de prier Dieu de les sauver. Le Seigneur a bien voulu de leurs actions repenties, et il leur a donné la victoire à la bataille. Samuel a construit un autel pour rappeler aux israélites la fidélité de Dieu.

Samuel a vieilli et il a nommé ses fils, Joël et Abiya, comme juges pour le peuple. Joël et Abiya étaient corrompus. Ainsi, les israélites demandaient à Samuel de nommer un roi. Parce qu'ils ont demandé un roi, Dieu était mécontent. Il a dit à Samuel que les israélites ont rejeté Dieu lui-même comme roi.

Dieu a dit à Samuel de mettre en garde les israélites contre plusieurs choses. Un roi exigera beaucoup des israélites. Un roi les réduira finalement à l'esclavage. Le jour arrivera quand les israélites regretteront d'avoir demandé un roi. Ce jour-la, ils demanderont Dieu de les soulager, mais il ne le fera pas.

Malgré ces avertissements de Dieu, les israélites ont quand même demandé un roi. Dieu a dit à Samuel de leur écouter et de leur nommer un roi.

CARACTÉRISTIQUES DE DIEU

- Dieu veut que son peuple se souvienne de ce qu'il a fait pour eux.
- Dieu nous donne la liberté de prendre les choix.

PERSONNES

- **Les responsables d'Israël** étaient les hommes qui gouvernaient dans chaque communauté ou tribu.

ENDROITS

- **Mitspa** était une ville près de Jérusalem. Le mot Mitspa veut dire « le tour de guet ».
- **Rama** était le lieu de naissance et le foyer de Samuel. C'était ici que les israélites ont demandé un roi.

CHOSES

- **Les idoles d'Astarté** étaient des déesses païennes.
- **Baal** était le nom d'un dieu païen.
- **Un holocauste** est une offrande entièrement brulée. Il montrait la capitulation et l'obéissance des israélites.
- **La pierre d'Eben-Ezer** veut dire « la pierre du secours ». Samuel la dressait entre Mitspa et Chén.

ACTIVITÉ

Avant l'arrivée des enfants, préparez une assiette avec des morceaux de fruit et une autre assiette avec des bonbons.

Permettez les enfants de choisir soit un morceau de fruit soit un bonbon. Discutez les avantages et les inconvénients de chaque amuse-gueule.

Dites : **Si vous avez choisi un bonbon, vous avez pris un choix avec un bon gout. Toutefois, ce choix n'est peut être pas le meilleur choix. Le bonbon n'est pas aussi nutritif que le fruit.**

Les israélites ont pris un choix. Dieu leur a dit qu'un roi les tourmenterait. Les israélites préféraient l'accomplissement immédiat plutôt que faire complètement confiance en Dieu.

Même qu'il ne savait ce qui soit le mieux pour eux, Dieu permettait leur requête. Leur choix causait beaucoup de conséquences.

LEÇON BIBLIQUE

Préparez l'histoire suivante, adaptée de 1 Samuel 7.2-8.22, avant de la racontée aux enfants.

Samuel a dit aux israélites : « Faites disparaître de chez vous les dieux étrangers et les idoles d'Astarté, et attachez-vous de tout votre cœur à l'Eternel et rendez-lui un culte à lui seul. Alors il vous délivrera des Philistins. » Alors les israélites ont fait ainsi.

Les israélites s'assemblaient à Mitspa. La, ils confessaient à l'Eternel leurs péchés. Lorsque les Philistins apprenaient que les israélites étaient à Mitspa, les cinq princes Philistins décidaient d'attaquer les israélites. Les israélites en étaient informés et prenaient peur. Samuel offrait un holocauste à l'Eternel et le suppliait de venir en aide à Israël. L'Eternel exauçait sa prière.

Au moment ou les Philistins s'approchaient aux israélites, l'Eternel a fait tourner contre les Philistins un puissant tonnerre qui les mettait en déroute. Les israélites sortaient Mitspa en vitesse et tuaient les Philistins.

Samuel dressait une pierre entre Mitspa et Chen et il l'appelait du nom d'Eben-Ezer. Samuel a dit : « Jusqu'ici l'Eternel nous a secourus. » La pierre d'Eben-Ezer veut dire « la pierre du secours. » Cet endroit rappelait aux israélites le pouvoir de Dieu de subvenir à leurs besoins.

Tout au long de la vie de Samuel, Dieu aidait les israélites à lutter contre les Philistins. Samuel voyageait tout autour d'Israël et il jugeait Israël jusqu'à la fin de sa vie. Même qu'il voyageait souvent, il rentrait toujours à Rama, sa ville natale. La, il rendait la justice pour les israélites et il bâtait un autel a l'Eternel.

Quand Samuel est devenu vieux, il a confié à ses fils l'administration de justice en Israël. Ses fils, Joël et Abiya, étaient malhonnêtes et acceptaient des pots-de-vin. Tous les responsables se sont réunis auprès de Samuel à Rama. Ils disaient : « Te voilà devenu âgé, et tes fils ne suivent pas tes traces ; maintenant, établis sur nous un roi pour qu'il nous dirige comme cela se fait dans toutes les autres nations. »

Samuel priait là-dessus et l'Eternel en était mécontent. Toutefois, il a dit à Samuel d'écouter le peuple. L'Eternel expliquait à Samuel que le peuple n'a pas rejeté Samuel mais l'Eternel lui-même comme roi. L'Eternel demandait à Samuel d'avertir bien le peuple en leur disant tout ce qu'un roi ferait.

Samuel disait aux israélites tout ce que l'Eternel a dit. Il leur a dit qu'un roi prendra leurs fils pour en faire ses soldats. Un roi leur exigera de fabriquer des armes. Un roi demandera une redevance de dix pour cent sur les produits de leurs champs, leurs vignes et leurs troupeaux. Un roi les réduira finalement en esclavage. Ils pousseront des cris pour soulagement, mais l'Eternel ne leur écoutera pas.

Les israélites insistaient qu'ils voulaient un roi comme les autres nations. Ils voulaient un roi pour les diriger et pour leur mener au combat.

Samuel à racontait à l'Eternel ce que disait le peuple. L'Eternel lui a dit de leur donner un roi. L'Eternel permettait aux israélites de prendre le choix bien qu'il ne savait que ce soit le mauvais.

Encouragez les enfants à répondre aux questions suivants. Il n'y a ni réponses correctes ni incorrectes. Ces questions aideront les enfants à comprendre l'histoire et à l'appliquer à leurs vies.

1, Comment est-ce que la pierre d'Eben-Ezer aidait les israélites à se souvenir de la fidélité de l'Eternel ?

2, Pourquoi demandaient les israélites un roi ? Pourquoi l'Eternel était-il mécontent de leur demande ?

3, Imaginez que vous soyez des israélites. Vous avez écoute les avertissements que Samuel donnait au sujet d'un roi. Voulez-vous un roi ? Pourquoi ou pourquoi pas ?

4. Comment est-ce que le verset à retenir, 1 Chroniques 16.11-12, se rapporte à cette histoire et à ta vie ?

Dites : Quels choix faites-vous ? Quelques choix sont faciles. D'autres sont difficiles. Les israélites ont fait un choix. Ils choisissaient servir un roi au lieu de servir Dieu. Il était mécontent de leur choix. Toutefois, il leur permettait d'avoir un roi.

Dieu vous donne la liberté de faire les choix. Dieu ne vous force pas de le suivre. Il veut qu'on fasse le choix de le suivre et de l'aimer.

VERSET À RETENIR

Répétez le verset à retenir. Vous en trouverez des suggestions à la page 131.

ACTIVITÉS SUPPLÉMENTAIRES

Choisissez entre les options suivantes pour améliorer l'étude biblique des enfants.

1, Lisez 1 Samuel 7.3. Demandez : Quels sont des choses ou des personnes qui sont des idoles dans les vies des enfants ? Qu'est-ce que les enfants doivent enlever de leurs vies afin qu'ils puissent ne servir que l'Eternel ?

2, Lisez 1 Samuel 8.19-20. Demandez : Pourquoi les israélites voulaient-ils un roi ? Qu'est-ce que c'était la vraie motivation pour leur demande pour un roi ? Pourquoi est-ce que leur argument n'était pas solide ?

QUESTIONS D'ESSAI POUR LE CONCOURS ÉLÉMENTAIRE

Pour préparer les enfants pour le concours, lisez-les 1 Samuel 7.2-8.22.

1 Pourquoi les israélites s'assemblaient-ils à Mitspa ? (7.6)

1, Ils jeunaient.
2, Ils confessaient leurs péchés.
3, Les deux réponses sont bonnes.

2 Lorsque les Philistins apprenaient que les israélites s'étaient réunis à Mitspa, comment réagissaient-ils les cinq princes philistins ? (7.7)

1, Ils volaient des israélites le coffre de l'alliance.
2, Ils décidaient d'attaquer les israélites.
3, Les deux réponses sont bonnes.

3 Quel est le nom de la pierre que Samuel a dressé entre Mitspa et Chén ? (7.12)

1, Eben-Ezer
2, Albâtre
3, Mitspa

4 Comment s'appelaient-ils, les fils de Samuel ? (8.2)

1, Hophni et Phineas
2, Joël et Abiya
3, Elkana et Eli

5 Lequel des péchés suivants ont commis les fils de Samuel ? (8.3)

1, Ils ont accepté des pots-de-vin.
2, Ils ont tué un homme.
3, Ils ont volé des taureaux.

6 Les israélites ont rejeté qui comme roi sur eux ? (8.7)

1, Samuel
2, L'Eternel
3, Eli

7 Samuel a dit qu'un roi d'Israël fera quelles choses de leurs fils ? (8.12)

1, Des officiers commandants
2, Des façonniers d'armes
3, Les deux réponses sont bonnes.

8 Samuel a dit qu'un roi d'Israël prélèvera une redevance de dix pour cent de quelles choses ? (8.15, 17)

1, Des produits de leurs champs, leurs vignes et leurs troupeaux
2, De leur argent
3, Les deux réponses sont bonnes.

9 Que disait l'Eternel à Samuel à propos un roi pour Israël ? (8.22)

1, « Accorde-leur ce qu'ils te demandent et établis un roi sur eux ! »
2, « N'établis pas un roi sur eux ! »
3, « Etablis ton fils comme roi sur eux ! »

10 Complétez ce verset : « Ayez recours à l'Éternel et à son appui, Cherchez continuellement sa face ! Souvenez-vous des prodiges qu'il a faits, … » (1 Chroniques 16.11-12)

1, « . . . De ses miracles et des jugements de sa bouche. »
2, « . . . De sa clémence et les lois qu'il a prononcé. »
3, « . . . De son amour et les batailles qu'il a lutté. »

QUESTIONS D'ESSAI POUR LE CONCOURS SUPÉRIEUR

Pour préparer les enfants pour le concours, lisez-les 1 Samuel 7.2-8.22.

1 Afin de revenir à tous leurs cœurs à l'Eternel, Samuel a dit aux israélites de faire quelles choses ? (7.3)

1, Faire disparaitre de chez eux les dieux étrangers et les idoles d'Astarté
2, S'attacher de tous leurs cœurs à l'Eternel
3, Rendre lui un culte seul
4, Toutes les réponses sont bonnes.

2 Quand Samuel suppliait l'Eternel de venir en aide à Israël, comment réagissait Dieu ? (7.9)

1, L'Eternel a dit à Samuel de ne pas les écouter.
2, L'Eternel a refusé d'exaucer sa prière.
3, L'Eternel a exaucé sa prière.
4, L'Eternel n'a rien fait.

3 Pendant que Samuel offrait l'holocauste, les Philistins s'approchaient pour attaquer Israël. Que faisait l'Eternel ? (7.10)

1, Il a fait tourner contre les Philistins un puissant tonnerre.
2, Il a semé la panique parmi les Philistins.
3, Il a provoqué qu'ils soient battus par les Israélites.
4, Toutes les réponses sont bonnes.

4 Qu'est-ce qui est arrivé aux Philistins pendant toute la vie de Samuel ? (7.13)

1, L'Eternel les a sauvés.
2, L'Eternel est intervenu pour eux.
3, L'Eternel les a aidés à prospérer.
4, L'Eternel est intervenu contre eux.

5 Pendant combien de temps continuait Samuel à exercer le pouvoir judiciaire en Israël ? (7.15)

1, Quelques années de plus
2, Toute sa vie
3, Quelques jours de plus
4, Quelques mois de plus

6 Pourquoi Samuel est-il rentré à Rama, sa ville natale ? (7.17)

1, Il y demeurait.
2, Il y rendait la justice pour les Israélites.
3, Il y avait bâti un autel à l'Eternel.
4, Toutes les réponses sont bonnes.

7 Quand Samuel est devenu vieux, il a confié l'administration de la justice en Israël à qui ? (8.1)

1, Saul et David
2, Ses frères
3, Ses fils
4, Ses parents

8 Apres les israélites ont demandé un roi, qu'est-ce que l'Eternel voulait que Samuel leur dise ? (8.9)

1, Comment être gentil avec un roi
2, Les droits du roi qui régnera sur eux
3, Qui sera le roi qui régnera sur eux
4, Toutes les réponses sont bonnes.

9 Apres Samuel a averti les Israélites des droits d'un roi, que disaient-ils ? (8.19)

1, Nous ne voulons plus que tu nous gouverne.
2, Nous voulons élire un roi.
3, Nous voulons quand même un roi.
4, Nous voulons que tu sois notre roi.

10 Pourquoi les Israélites voulaient-ils un roi ? (8.20)

1, Ils seront dirigés comme les autres nations.
2, Le roi rendra la justice parmi eux.
3, Le roi prendra leur commandement pour leur mener au combat.
4, **Toutes les réponses sont bonnes.**

ÉTUDE 6

1 SAMUEL 9.1-10.1, 17-24

VERSET À RETENIR

« Car Dieu est roi de toute la terre :
Chantez un cantique ! »
(Psaume 47.7)

VÉRITÉ BIBLIQUE

Dieu aide son peuple même quand
ils font un mauvais choix.

CŒUR DE LA LEÇON

Avec cette étude, les enfants
apprendront que Dieu permis à son
peuple de connaitre sa volonté. Il les
aide même quand ils font un mauvais
choix.

CONSEILS PÉDAGOGIQUES

Rappelez aux enfants que Dieu
continuait à aider les Israélites. Il
n'était pas d'accord avec leur choix de
demander un roi, mais il leur
permettait de le faire. Dieu nous
donne la liberté de faire des choix qui
sont mauvais ou bons.

COMMENTAIRE BIBLIQUE

Lisez 1 Samuel 9.1-10.1, 17-24. Un homme appelé Qich a envoyé son fils, Saül, à retrouver quelques ânesses perdues. Saül et le serviteur de son père sont venus à la ville de Tsouph, où habitait Samuel.

La veille, Dieu a dit à Samuel qu'un homme de la tribu de Benjamin arrivera à Tsouph. Dieu a demandé à Samuel d'oindre cet homme comme chef des Israélites. Il s'appelait Saül.

Samuel a convoqué les Israélites. Il dirigeait lorsqu'ils jetaient des sorts pour révéler le roi choisi par Dieu pour eux. Le sort a désigné Saül, vérifiant aux Israélites que Dieu avait nommé Saül comme roi. Saül était ébloui par ces actions, et il s'est caché des Israélites. Quand ils le retrouvaient, il s'est présenté devant eux. Les Israélites lui applaudissaient comme leur roi.

Plus tard, le choix des Israélites d'avoir un roi fera difficile leurs vies. Toutefois, Saül aidait les Israélites à commencer leur vie sous le règne d'un roi.

CARACTÉRISTIQUES DE DIEU

• Dieu continue à aider son peuple, même quand ils font un mauvais choix.

• Dieu nous aide à connaitre sa volonté.

PAROLES DE NOTRE FOI

• **Oindre** veut dire mettre de l'huile dessus la tête d'une personne. Les rois, les prêtres, et les prophètes ont reçu cet acte de dédicace et de bénédiction. Cet acte montrait que Dieu a choisi cette personne à lui faire quelque chose d'importance.

PERSONNES

- **Qich** était le père de Saül.
- **Saül** était le premier roi d'Israël.
- **Un homme qui reçoit des révélations** était un prophète. Celui-ci recevait des messages de Dieu à travers des rêves ou des visions.

CHOSES

- **Il les dépassait tous de la tête** veut dire que Saül était plus grand que les autres Israélites, et il ressemblait à un roi.
- **Les petites pièces d'argent** se mesuraient en sicles. Un **sicle** était une pige, à peu près 12 grammes.
- Un **flacon** était une jarre avec un col étroite. Il contenait des liquides.
- **Jeter des sorts** veut dire utiliser des petites pierres ou autres objets pour déterminer quoi faire. Beaucoup de cultures se servaient de cette méthode pour déterminer la volonté des dieux. Les Israélites s'en servaient en essayant d'apprendre la volonté de Dieu.

ACTIVITÉ

Vous aurez besoin des objets suivants pour cette activité.

- 3 feuilles de papier
- Des ciseaux
- Un feutre
- Une couronne en papier

Avant l'arrivée des enfants, découpez chaque feuille de papier en quatre. Prenez un morceau de papier pour écrire chaque parole du verset, et un morceau pour la référence. Remplacez les paroles suivantes avec des symboles : *Roi* (une image d'une couronne) ; *terre* (une image de la terre) ; et *chantez* (une image d'une note musi-cale). Mélangez les morceaux de papiers afin que les paroles ne soit pas en bon ordre.

Pour commencer, distribuez les morceaux aux enfants. Ils peuvent en tenir plus qu'un. Si chaque enfant n'a qu'un seul morceau, demandez-les à s'arranger en file, selon l'ordre correct du verset. (Si vous avez moins enfants, demandez-les d'arranger les morceaux en ordre correcte sur une table ou par terre.) Ensuite, demandez aux enfants de répéter le verset avec l'aide des morceaux de papier. Puis, demandez-les de tout répéter, mais enlevez les morceaux avec les paroles. Laissez seulement les morceaux avec les images.

Donnez à l'enfant qui a eu le morceau avec le symbole du roi une couronne en papier à porter. Demandez à cet enfant de vous aider avec des taches pendant la classe. Dites, **Tu es le roi du jour. Nous allons apprendre d'un homme qui est devenu roi.**

LEÇON BIBLIQUE

Préparez l'histoire suivante, adaptée de 1 Samuel 9.1-10.1, 17-24 avant de la raconter aux enfants.

Qich, un homme de la tribu de Benjamin, avait un fils appelé Saül. Saül était un jeune homme impressionnant. Il était plus grand que les autres jeunes hommes. Quand les ânesses de Qich étaient perdues, il demandait à Saül d'aller les chercher, lui et un serviteur. Ils cherchaient le pays pendant plusieurs journées. Enfin, ils sont arrivés au territoire de Tsouph. Saül disait au serviteur qu'ils doivent rentrer afin de soulager l'inquiet de son père.

Le serviteur lui a dit : « A cette ville, il y a un homme de Dieu. Peut-être il nous dira ou se trouvent les ânesses. »

Saül a dit : « D'après la coutume, il faut apporter un cadeau à l'homme de Dieu. Nous n'avons plus de nourriture. Qu'est-ce qu'on a ? »

Le serviteur lui a répondu : « J'ai une petite pièce d'argent. Je le donnerai à l'homme de Dieu, et il nous indiquera le chemin à prendre. »

Au moment où ils entraient la ville, Samuel sortait dans leur direction pour monter au haut-lieu pour bénir le sacrifice.

La veille, l'Eternel a dit à Samuel : « Demain, à cette même heure, je t'enverrai un homme du territoire de Benjamin. Tu lui conféreras l'onction pour l'établir chef de mon peuple Israël. »

Dès que Samuel apercevait Saül, l'Eternel l'avertissait : « Voici l'homme dont je t'ai dit qu'il gouvernera mon peuple. »

Saül demandait à Samuel : « Peux-tu m'indiquer où est la maison de l'homme qui reçoit des révélations ? »

Samuel a répondu : « C'est moi cet homme qui reçoit des révélations ! Passe devant moi et montons au haut-lieu. Ton serviteur et toi, vous mangerez avec moi aujourd'hui. Quant aux ânesses disparues il y a trois jours, ne t'en inquiète plus ; elles sont retrouvées. D'ailleurs, tout le désir d'Israël pour un roi concentrera à toi et à toute ta famille. »

Saül a dit : « Que dis-tu là ? Ne suis-je pas un Benjaminite, de la plus petite des tribus d'Israël, et ma famille n'est-elle pas la moins importante de tous ceux de ma tribu ? Pourquoi parles-tu donc de cette manière ? »

Samuel ensuite emmenait Saül et son serviteur et les faisait entrer dans la salle du festin. Il les installait à la place d'honneur. Au diner, Samuel donnait à Saül les meilleures portions de la viande. Il mangeait comme roi.

Le lendemain matin, Samuel parlait en privé avec Saül. Samuel a oint Saül comme roi du peuple de Dieu. Samuel prenait un flacon d'huile, et en répandait le contenu sur la tête de Saül, et l'embrassait. Samuel lui a dit : « L'Eternel t'établit chef du peuple qui lui appartient. »

Plus tard, Samuel convoquait les Israélites à Mitspa pour choisir un roi. Samuel leur a dit : « Voici ce que déclare l'Eternel, le Dieu d'Israël : 'Je vous ai moi-même fait sortir d'Egypte.' Et vous, aujourd'hui, vous avez rejeté votre Dieu, parce que vous avez demandé un roi. »

Samuel leur a dit de s'arranger devant l'Eternel, par tribus et par familles. Il les dirigeait en jetant des sorts. Samuel appelait la tribu de Benjamin. Ensuite il appelait la famille de Saül. Enfin, Dieu a choisi Saül comme roi. Quand le peuple le cherchait, ils n'arrivaient pas à le trouver.

L'Eternel a dit : « Il se cache du côté des bagages. » Quelques personnes couraient vers Saül, et ils l'emmenaient aux autres.

Saül a dit : « Voyez celui que l'Eternel a choisi ! Il n'a pas son pareil dans tout Israël. »

Tous l'acclamèrent aux cris de : « Vive le roi ! »

Encouragez les enfants à répondre aux questions suivants. Il n'y a ni réponses correctes ni incorrectes. Ces questions aideront les enfants à comprendre l'histoire et à l'appliquer à leurs vies.

1, A 1 Samuel 9.16, Dieu a dit à Samuel qu'il verra le lendemain l'homme qui sera le roi des Israélites. Comment pensez-vous que Samuel réagissait à cette nouvelle ? Que feriez-vous ?

2, Quelle était la réaction de Samuel quand il faisait la connaissance de Saül ? Pensez-vous qu'il le trouvait compétent d'être roi ?

3, Comment pensez-vous que Saül se ressentait quand Samuel l'a oint comme roi ? Lisez 1 Samuel 10.9. Comment est-ce que son attitude a changé, à l'égard d'être roi ?

4, A votre avis, que pensait le peuple quand il entendait que leur futur roi se cachait ?

Dites : Parfois, nous faisons des mauvais choix. Parfois, les mauvais choix ont des mauvaises conséquences. Les Israélites voulaient suivre un roi au lieu de suivre Dieu. Il n'aimait pas leur choix, mais Dieu les aidait à trouver un bon roi. Quelques fois, Dieu nous aide même quand nous faisons des mauvais choix.

VERSET À RETENIR

Répétez le verset à retenir. Vous en trouverez des suggestions à la page 131.

ACTIVITÉS SUPPLÉMENTAIRES

Choisissez entre les idées suivantes pour améliorer l'apprentissage des enfants.

1, Dites : **Dieu appelait Saül et Gédéon, tous les deux, aux taches spéciales. Lisez Juges 6.1-40. Comparez comment Dieu a appelé Saül et comment il a appelé Gédéon. Comment a chacun d'eux répondu à cet appel ? Comment est-ce que leurs réponses étaient pareilles ou différentes ?** Créez un tableau de vos conclusions. Demandez : **Comment pensez-vous que Dieu s'est ressenti à leurs deux réponses à son appel ?**

2, Lisez 1 Samuel 9.21. Dites : **Saül venait de la tribu de Benjamin. Qu'est-ce qu'il voulait dire quand il a dit qu'il venait de la tribu la plus petite ?** Lisez Juges 20.46-48 pour trouver un indice.

3, Demandez : **A votre avis, pourquoi a Dieu choisi Saül comme premier roi d'Israël ? Quelle sorte de roi pensez-vous qu'il sera ?**

QUESTIONS D'ESSAI POUR LE CONCOURS ÉLÉMENTAIRE

Pour préparer les enfants pour le concours, lisez-les 1 Samuel 9.1-10.1,17-24.

1 **Comment est-ce que la Bible décrit Saül ? (9.2)**

1, Il les dépassait tous de la tete.

2, Il était beau.

3, Les deux réponses sont bonnes.

2 **Qui est allé avec Saül pour chercher les ânesses de son père ? (9.3)**

1, David

2, Le frère de Saül

3, Un serviteur

3 **Le serviteur de Saül a suggéré qu'ils aillent voir qui, au territoire de Tsouph ? (9.6)**

1, Un homme de Dieu

2, La famille de Saül

3, Les deux réponses sont bonnes.

4 **Quelle chose allait donner le serviteur de Saül à l'homme de Dieu ? (9.8)**

1, Une pièce d'or

2, Une pièce d'argent

3, Une pièce de bronze

5 **Qu'est-ce que c'est que l'Eternel a dit à Samuel à propos de Saül ? (9.15-16)**

1, « N'oins pas cet homme comme chef d'Israël. »

2, « Oins cet homme comme chef de mon peuple Israël. »

3, « Cet homme ne suivra pas mes voies. »

6 Quelle chose a Samuel répandu sur la tête de Saül ? (10.1)

1, Un flacon d'huile

2, Une goutte d'eau

3, Une cruche d'eau

7 Comment est-ce que Samuel a dit aux Israélites de se présenter devant l'Eternel ? (10.19)

1, Par familles

2, Par groupes de 30

3, Par tribus et par familles

8 Qui est-ce que Dieu a choisi comme premier roi d'Israël ? (10.21)

1, Salomon

2, Saül

3, David

9 Où s'est caché Saül quand Dieu lui a choisi comme roi ? (10.22)

1, Chez Samuel

2, Chez son père

3, Du côté des bagages

10 Que disait le peuple quand Samuel a annoncé Saül comme roi ? (10.24)

1, « Nous voulons David comme roi ! »

2, « Vive le roi ! »

3, « Nous ne le voulons pas comme roi ! »

QUESTIONS D'ESSAI POUR LE CONCOURS SUPÉRIEUR

Pour préparer les enfants pour le concours, lisez-les 1 Samuel 9.1–10.1, 17-24.

1 Comment est-ce que le serviteur de Saül a décrit l'homme de Dieu ? (9.6)

1, Il est silencieux, et il prie souvent.

2, Il ne dit pas la vérité, mais le peuple lui fait confiance.

3, Il est très considéré et tout ce qu'il annonce arrive immanquablement.

4, Il est un grand homme, et il donne toujours des conseils.

2 Saül et son serviteur, qu'est-ce qu'ils ont demandé aux jeunes filles qui descendaient pour aller puiser de l'eau ? (9.11)

1, « L'homme qui reçoit des révélations est-il là ? »

2, « Qui est l'homme qui reçoit des révélations ? »

3, « Où est l'homme qui reçoit des révélations ? »

4, « Quand rentra l'homme qui reçoit des révélations ? »

3 Au festin, pourquoi attendait le peuple de se mettre à table jusqu'à ce que le prophète soit arrivé ? (9.13)

1, C'était impoli de manger avant l'arrivée du prophète.

2, Le prophète apportait toute la nourriture.

3, Le prophète devait d'abord bénir le sacrifice.

4, Toutes les réponses sont bonnes.

4 Quand est-ce que l'Eternel parlait à Samuel à propos de Saül ? (9.15)

1, Deux heures avant l'arrivée de Saül
2, Le matin avant l'arrivée de Saül
3, Deux semaines avant l'arrivée de Saül
4, La veille avant l'arrivée de Saül

5 De qui allait Saül délivrera le peuple Israël ? (9.16)

1, Les Philistins
2, Les Moabites
3, Les Egyptiens
4, Les Cananéens

6 Que disait l'Eternel à Samuel quand Samuel voyait Saül ? (9.17)

1, « Voici l'homme que tu dois oindre comme prêtre. »
2, « Ne laisse pas entrer dans la ville cet homme méchant. »
3, « Voici l'homme dont je t'ai dit qu'il gouvernerait mon peuple. »
4, « Dit a cet homme où se trouve ses ânesses. »

7 Au festin, où est-ce que Samuel a installé Saül et son serviteur ? (9.22)

1, Au milieu de la table
2, Sur des trônes
3, A la place d'honneur
4, Près de la cuisine

8 Quand le peuple s'est convoqué à Mitspa, quel message de Dieu leur a donné Samuel ? (10.17-18)

1, « Je veux que vous me suivrez maintenant. »
2, « Je vous ai aidé à votre moment de détresse. »
3, « Je vous ai moi-même fait sortir d'Egypte. »
4, Toutes les réponses sont bonnes.

9 Qu'est-ce que c'est que Samuel a dit au peuple qu'ils ont fait à Dieu, qui les a délivré ? (10.19)

1, Ils l'ont suivi.
2, Ils l'ont rejeté.
3, Ils l'ont obéit.
4, Toutes les réponses sont bonnes.

10 Finissez ce verset : « Car Dieu est roi de toute la terre : ... » (Psaume 47.7)

1, « . . . Chantez un cantique ! »
2, « . . . Criez les louanges toute la journée ! »
3, « . . . Donnez-le votre cantique de louange ! »
4, « . . . Adorez son nom ; proclamez sa gloire ! »

VERSET À RETENIR

« Craignez seulement l'Éternel, et servez-le fidèlement de tout votre cœur ; car voyez quelle puissance il déploie parmi vous. » (1 Samuel 12.24)

VÉRITÉ BIBLIQUE

Dieu est fidèle à son peuple et il exige l'obéissance.

CŒUR DE LA LEÇON

Avec cette étude, les enfants apprendront que Dieu est fidèle à son peuple. En échange, Dieu exige notre fidélité et obéissance.

CONSEILS PÉDAGOGIQUES

Expliquez aux enfants que Saül dévoilait son vrai caractère à travers ses actions. A 1 Samuel 10.8, Samuel disait à Saül de lui attendre sept jours. Pourtant, Saül n'attendait pas assez longtemps pour Samuel. Saül était impatient, et il avait peur. Il croyait qu'il pouvait mettre toutes les chances en bataille de la coté d'Israël à travers un sacrifice à l'Eternel, même qu'il violait le commandement de Dieu. Saül a désobéit les instructions de Samuel, donc il a désobéit à Dieu.

COMMENTAIRE BIBLIQUE

Lisez 1 Samuel 12.1-13.15. A chapitre 11, Saül menait les Israélites au bataille, et ils ont vaincu les Ammonites. Quelques Israélites doutaient que Saül était le roi correct pour eux. Cette victoire les a convaincus que Saül était choisi par Dieu comme roi.

Dans ce passage-ci, Samuel parlait aux Israélites. Il leur demandait s'il les a maltraités. Les Israélites ont affirmé que Samuel ne les a jamais dépouillé, ni a jamais abusé son pouvoir.

Samuel rappelait aux Israélites toutes les choses que l'Eternel a fait pour eux. Quand ils étaient fidèles à Dieu, il subvenait à leurs besoins. Dieu les a libérés de leurs situations de crises, et les Israélites apprenaient qu'ils pouvaient toujours mettre confiance en Dieu.

Samuel aussi rappelait aux Israélites que Dieu a accepté de leur donner un roi. Les Israélites comprenaient que leur roi humain était en dessous de Dieu, le vrai roi. Si les Israélites obéissaient à Dieu, ils prospéreraient. Si les Israélites désobéissaient à Dieu, il les punirait. Le peuple a promis de rester fidèle à Dieu.

À la prochaine bataille, Saül a échoué à l'examen de confiance et d'obéissance. Il voulait que quelqu'un exécute le rite de l'holocauste. Toutefois, seulement les prêtres étaient permis de le faire. Saül n'attendait pas assez longtemps pour l'arrivée de Samuel. Au lieu, Saül a exécuté le rite. Samuel a dit à Saül que le roi a échoué d'obéir le commandement de Dieu. Parce que Saül a échoué cet examen, l'Eternel établirait une autre descendance des rois pour les Israélites.

CARACTÉRISTIQUES DE DIEU

• Dieu veut que nous lui obéissions.

- Dieu est toujours fidèle.

PERSONNES

- **Moïse** était un serviteur de Dieu qui menait les Israélites de l'Egypte.
- **Aaron** était le frère de Moïse.
- **Jacob** était un fils d'Isaac. Lui et sa famille, ils déménageaient en Egypte après son fils Joseph y est devenu chef.
- **Le roi de Moab** était le roi d'un peuple qui habitait à l'est de la mer Morte.
- **Les Ammonites** étaient des ennemis d'Israël.
- **Jonathan** était le fils de Saül.

ENDROITS

- **Hatsor** était une ville au nord du lac de Galilée. Au livre des Juges, les Israélites ont été maltraités par les armées de Hatsor pendant 20 ans.
- **Mikmach** était une ville à 11km au nord-est de Jérusalem.
- **Guéba** était une ville au sud de Mikmach.
- **Guilgal** était l'endroit où Samuel offrait des sacrifices après Saül était oint comme roi.

ACTIVITÉ

Vous jouerez le rôle de Samuel. Debout devant la classe, dites : **Je suis Samuel. Je vais vous donner des instructions de faire des choses variées, et je veux que vous m'imitiez. Tendez l'oreille pour ces paroles : « Samuel dit ». Imitez seulement les actions après les paroles « Samuel dit ». Si je dis « Samuel dit, levez les mains » faites ainsi. Si je ne dis que « Levez les mains », ne le faites pas parce que je n'ai pas dit « Samuel dit ». Répétez quelques fois pour rassurer que les enfants comprennent le jeu.**

Utilisez des commandes variés et démontrez l'action. Parfois, commencez avec « Samuel dit ».

Ces commandes peuvent comprendre les suivants : Tapotez-vous doucement les têtes ; Souriez ; Saluez vos prochains avec les mains ; Faites jouer les muscles ; Touchez les orteils ; Retournez-vous ; et Asseyez-vous. Vous pouvez ajouter d'autres commandes pour prolonger le jeu.

Dites : **Pendant cette activité, vous écoutiez les commandes. Ensuite vous décidiez d'imiter l'action ou non. Vous deviez prendre vite vos décisions. Dans notre étude aujourd'hui, Saül se trouvait confronté à un choix, mais son choix était encore plus important que ceux de notre jeu.**

LEÇON BIBLIQUE

Préparez l'histoire suivante, adaptée de 1 Samuel 12.1-13.15, avant de la raconter aux enfants.

Les Israélites se convoquaient à Guilgal pour réaffirmer Saül comme roi. Samuel parlait au peuple. Samuel leur a dit qu'il avait écouté toutes leurs demandes. Ils avaient reçu un roi pour régner sur eux. Toutefois, Samuel est maintenant devenu vieux avec des cheveux blanchis. Depuis sa jeunesse, il dirigeait la nation. Il demandait aux Israélites de témoigner de sa fidélité. Il a demandé : « De qui ai-je pris le bœuf ? De qui ai-je pris l'âne ? Ai-je exploité ou opprimé l'un de vous ? De qui ai-je accepté un présent pour fermer les yeux sur sa conduite ? Dites-le, et je vous rendrai tout ce que j'aurais pris injustement. »

Les Israélites ont répondu qu'il n'a jamais exploité ou opprimé personne. Il n'a rien volé de personne.

Ensuite, Samuel rappelait au peuple les actes puissants que l'Eternel a accompli pour les sauver, eux et leurs ancêtres. Voici quelques-uns de ces actes.

Apres Jacob est venu en Egypte, le peuple a imploré l'Eternel, et il leur a envoyé Moïse et Aaron qui les ont fait sortir de l'Egypte.

Mais eux, ils ont délaissé l'Eternel leur Dieu. C'est pourquoi il les a livrés à Sisera, le chef de l'armée de Hatsor, aux Philistins et au roi de Moab qui leur ont fait la guerre. Alors ils ont de nouveau imploré l'Eternel. Il les a délivrés de nouveau.

Puis les Israélites ont demandé un roi pour régner sur eux, bien que l'Eternel fût leur roi. Il les a permit d'avoir un roi.

Samuel avertissait le peuple que Dieu voulait qu'ils le révéraient, l'adoraient, et lui obéissaient. Dieu exigeait que les Israélites lui obéissent. Si le roi et le peuple obéiront à l'Eternel, tout ira bien. Mais s'ils ne lui obéiront pas, l'Eternel les frappera sévèrement, comme il a frappé sévèrement leurs ancêtres.

C'était le temps de la moisson des blés. Samuel demandait à l'Eternel de faire tonner et pleuvoir comme signe que le peuple a commis une grave faute aux yeux de l'Eternel en demandant un roi.

L'Eternel faisait tonner et pleuvoir. Le peuple demandait à Samuel de prier pour eux. Il leur a dit de révérer l'Eternel et de le suivre fidèlement.

Saül avait 30 ans quand il est devenu roi. Il régnait 42 ans sur Israël. Saül a choisit 3 000 soldats d'Israël comme son armée. Deux milles ont resté avec Saül, et une mille sont allés avec Jonathan, son fils. Jonathan et ses soldats ont attaqué les Philistins à Guéba. Alors les philistins se sont assemblés pour combattre les israélites. Ils avaient 3 000 chars de guerre et « une multitude de fantassins, nombreux comme les grains de sable des mers ». Ils prenaient position à Mikmach et attendaient les israélites.

Quand les hommes d'Israël voyaient qu'ils étaient dans une situation extrêmement critique et que leur armée était en danger, ils se cachaient. Saul restait à Guilgal et toute son armée avait très peur. Samuel avait dit à Saul d'attendre son arrivée afin qu'il puisse réaliser l'holocauste. Saul attendait sept jours. Samuel n'est pas venu à Guilgal et les soldats commençaient à se disperser. Ainsi Saul fermait les yeux aux lois de Dieu et il offrait lui-même l'holocauste. Au moment où il achevait de l'offrir, Samuel est arrivé.

« Qu'as-tu fait ? » demandait Samuel. Saul expliquait à Saul qu'il ressentait obligé d'offrir l'holocauste.

Samuel a dit à Saul qu'il avait agit comme un insensé. Puisqu'il avait désobéit aux ordres de l'Eternel, la royauté de Saul ne subsisterait pas. L'Eternel commençait à chercher un autre homme d'être le roi, un homme qui corresponde à ses désirs.

Puis Samuel quittait Guilgal. Saul dénombrait la troupe qui restait avec lui, et il y avait environ 600 hommes.

Encouragez les enfants à répondre aux questions suivants. Il n'y a ni réponses correctes ni incorrectes. Ces questions aideront les enfants à comprendre l'histoire et à l'appliquer à leurs vies.

1, Pourquoi est-ce que Samuel a pris du temps pour rappeler aux Israélites tout ce que Dieu a fait pour eux ? Comment est-ce que vous pouvez vous rappeler du tout ce que Dieu a fait pour vous ? Créez une liste des façons dont Dieu a aidé les enfants du groupe.

2, Samuel a demandé à Dieu de faire tonner et pleuvoir, et il l'a fait. C'était la saison sèche. Qu'est-ce que le tonnerre et la pluie ont révélé aux Israélites ?

3, Lisez 1 Samuel 10.8 et ensuite 13.8-14. Quelle mauvaise chose a fait Saül ? Quelle serait une meilleure chose à faire ? Si vous étiez Saül, que feriez-vous ?

4, Comment est-ce que le verset à retenir, 1 Samuel 12.24, se rapporte à cette histoire ?

Dites : Si une personne est fidèle, on peut faire confiance qu'elle tendra ses promesses. Samuel rappelait aux Israélites la fidélité de l'Eternel envers eux. Comment est-ce qu'il était fidèle aux Israélites ?

Quelles sont quelques façons dont Dieu a aidé vous, vos familles, et vos amis ? Dieu est fidèle à vous, et il veut que vous soyez fidèles à lui. Nous sommes fidèles à Dieu quand nous lui obéissons. Identifiez une façon dont vous pouvez être fidèle à Dieu chaque jour. Chaque jour vous avez des choix à prendre. Choisissez d'être fidèle à Dieu et de lui obéir !

VERSET À RETENIR

Répétez le verset à retenir. Vous en trouverez des suggestions à la page 131.

ACTIVITÉS SUPPLÉMENTAIRES

Choisissez entre les idées suivantes pour améliorer l'apprentissage des enfants.

1, Commencez à créer une chronologie de la vie de Samuel. Incluez les événements importants de sa vie trouvés aux premiers 13 chapitres de 1 Samuel. Comment est-ce que ces événements montrent sa dévotion à Dieu ? Qu'est-ce qu'on apprend sur Samuel comme juge et prophète ?

2, Lisez 1 Samuel 10.8 et 13.7-13. **Lesquelles étaient les instructions de Samuel à Saül ?** Identifiez des situations ou c'est bien important qu'on suit les instructions, même si on ne les comprend pas. **Quelles sont quelques instructions que Dieu nous donne ?**

QUESTIONS D'ESSAI POUR LE CONCOURS ÉLÉMENTAIRE

Pour préparer les enfants pour le concours, lisez-les 1 Samuel 12.1-13.15.

1 Qui a Samuel établi sur Israël pour les gouverner ? (12.1)

1, Un prêtre
2, Un juge
3, Un roi

2 Qui a dit : « De qui ai-je pris l'âne ? Ai-je exploité ou opprimé l'un de vous ? » (12.1,3)

1, Samuel
2, David
3, Saül

3 Qui a établi Moïse et Aaron comme chefs d'Israël ? (12.6)

1, Samuel
2, L'Eternel
3, Joseph

4 De quelles choses rappelait Samuel aux Israélites ? (12.7)

1, Les actes puissants de l'Eternel
2, Leurs familles en Egypte
3, Tout ce qu'enseignaient Moïse et Aaron

5 Quelle âge avait Saül à son avènement ? (13.1)

1, 30
2, 20
3, 40

6 **Quand est-ce que les hommes d'Israël se cachaient des Philistins ? (13.6)**

1, Quand ils voyaient qu'ils étaient dans une situation extrêmement critique

2, Quand ils étaient serrés de près par l'ennemi

3, Les deux réponses sont bonnes.

7 **Quelle chose ont fait quelques soldats de l'armée de Saül quand Samuel n'est pas arrivé à Guilgal à l'heure ? (13.8)**

1, Ils commençaient à lutter contre les Philistins.

2, Ils commençaient à se disperser.

3, Ils restaient avec Saül.

8 **Qu'est-ce qu'il s'est passé au moment ou Saül achevait d'offrir l'holocauste ? (13.10)**

1, Les Philistins l'ont attaqué.

2, Samuel est arrivé.

3, L'obscurité avait envahi le camp.

9 **Pourquoi a Samuel dit que la royauté de Saül ne subsistera pas ? (13.14)**

1, Il a perdu trop de batailles.

2, Il a désobéit aux ordres de l'Eternel.

3, Il était vieux.

10 **Finissez ce verset : « Craignez seulement l'Éternel, et servez-le fidèlement de tout votre cœur ; … » (1 Samuel 12.24)**

1, « . . . souvenez-vous de lui à toujours. »

2, « . . . adorez son nom du matin au soir. »

3, « . . . car voyez quelle puissance il déploie parmi vous. »

QUESTIONS D'ESSAI POUR LE CONCOURS SUPÉRIEUR

Pour préparer les enfants pour le concours, lisez-les 1 Samuel 12.1-13.15.

1 **Quand est-ce que Samuel a commencé à diriger Israël ? (12.2)**

1, A la naissance de ses fils

2, Depuis sa jeunesse

3, Quand il est devenu adulte.

4, A l'âge de 30 ans

2 **Comment est-ce que le peuple a répondu quand Samuel leur a demandé s'il ne les a jamais exploités, opprimé, ou accepté un présent pour fermer les yeux ? (12.3-4)**

1, Tu ne nous as ni exploités, ni opprimés.

2, Tu as pris notre nourriture sans nous demander.

3, Tu ne dois pas être pardonné pour les péchés des fils d'Eli.

4, Toute les réponses sont bonnes.

3 **Pendant son discours d'adieu, qu'est-ce que Samuel a dit aux Israélites de faire ? (12.14)**

1, Révérer l'Eternel et rendre-lui leur culte.

2, Obéir à l'Eternel sans se révolter contre ses paroles.

3, Suivre l'Eternel.

4, Toutes les réponses sont bonnes.

4 **Pourquoi a demandé Samuel à l'Eternel de faire tonner et pleuvoir ? (12.17)**

1, Pour arroser la récolte

2, Pour faire peur aux Cananéens

3, Pour montrer aux Israélites qu'ils ont commis une grave faute aux yeux de l'Eternel en demandant un roi

4, Pour inonder le camp des Philistins

5 **Qui a dit : « Ne vous détournez pas de l'Eternel et servez-le de tout votre cœur ». (12.20)**

1, David

2, Samuel

3, Saül

4, Eli

6 **Qu'est-ce qu'avaient les Philistins quand ils combattaient les Israélites à Guéba ? (13.5)**

1, 3 000 chars de guerre

2, 6 000 soldats sur char

3, Une multitude de fantassins, nombreux comme les grains de sable des mers

4, Toutes les réponses sont bonnes.

7 **Où est-ce que les hommes d'Israël se cachaient des Philistins ? (13.6)**

1, Dans les grottes et les buissons

2, Dans les cavernes

3, Dans les souterrains et les citernes

4, Toutes les réponses sont bonnes.

8 **Combien de temps est-ce que Saül attendait Samuel avant d'offrir le sacrifice lui-même ? (13.8)**

1, Trois semaines

2, Sept jours

3, Un mois

4, Deux jours

9 **Qu'as dit Samuel à Saül puisqu'il a offert le sacrifice ? (13.13-14)**

1, « Tu as agi comme un insensé. »

2, « Tu n'as pas obéi au commandement que l'Eternel ton Dieu t'avait donné. »

3, « Ta royauté ne subsistera pas. »

4, Toutes les réponses sont bonnes.

10 **Comment est-ce que Samuel a décrit l'homme que cherchait Dieu pour diriger Israël ? (13.14)**

1, Un homme qui est grand et beau

2, Un homme qui est fort

3, Un homme qui corresponde à ses désirs

4, Un homme qui est assuré

ÉTUDE 8

1 SAMUEL 14.1-23

VERSET À RETENIR

« Rien n'empêche l'Éternel de sauver au moyen d'un petit nombre comme d'un grand nombre ». (1 Samuel 14.6)

VÉRITÉ BIBLIQUE

Dieu peut faire des miracles.

CŒUR DE LA LEÇON

Avec cette étude, les enfants apprendront que Dieu veut que nous mettions notre confiance en lui en toutes circonstances. Dieu peut aussi faire des miracles.

CONSEILS PÉDAGOGIQUES

Rappelez aux enfants l'impatience de Saül à 1 Samuel 13.1-14. Aidez-les à comprendre que l'attitude de Saül à l'égard de Dieu était fausse. Ses relations faibles avec Dieu le causaient de se tromper souvent. Aidez les enfants à se rendre compte du fait que quand ils ont des bonnes relations avec Dieu, ils prennent meilleures décisions.

COMMENTAIRE BIBLIQUE

Lisez 1 Samuel 14.1-23. Le campement de guerre des Is-raélites se trouvait près de Guibea. Ahiya, un membre de la famille d'Eli, servait comme prêtre de Saül. Dieu rejetait la famille d'Eli comme prêtres. Ainsi, Saül commençait à dé-pendre d'un prêtre rejeté au lieu de Samuel. Cette décision de Saül de dépendre d'Ahiya pour conseils dévoilait le dé-clin des relations de Saül avec Dieu.

Saül et son fils, Jonathan, étaient au camp. Pendant que Saül se reposait, Jonathan et son écuyer ont secrètement quitté le camp pour attaquer les Philistins.

Jonathan était fidèle à Dieu. Jonathan croyait que Dieu était puissant, et il mettait confiance en lui d'occasionner la victoire. Jonathan attendait un signe de Dieu. Quand il a reçu le signe, lui et son écuyer ont attaqué. Ils ont vaincu 20 soldats sur un espace de 2 000 m². Dieu provoquait les Philistins à la panique, et ils commençaient à se lutter entre eux-mêmes. Dieu occasionnait une victoire aux Israélites à cause de la confiance de Jonathan et sa fidélité à Dieu.

CARACTÉRISTIQUES DE DIEU

- Dieu aide ceux qui mettent confiance en lui.
- Dieu peut faire des miracles.

PAROLES DE NOTRE FOI

- Un **miracle** est un événement extraordinaire qui révèle le pouvoir de Dieu.

PERSONNES

- Un **écuyer** était un serviteur qui portait des armes sup-plémentaires pour son maitre.
- **Ahiya** était un membre de la famille d'Eli. Il était prêtre pendant le règne de Saül.

ENDROITS

- **Guibea** était la capitale du royaume de Saül. C'était aussi son lieu de naissance.

CHOSES

- **Retirer la main** veut dire s'arrêter de chercher la volonté de l'Eternel. Saül voulait qu'Ahiya cherche la volonté de l'Eternel à propos de la bataille. Quand ceci prenait trop de temps, Saül a dit au prêtre de retirer la main. Saül ne voulait plus attendre la réponse de l'Eternel.

ACTIVITÉ

Pour cette activité, vous en aurez besoin d'un morceau de ficelle ou de corde qui fait entre 50cm et 100cm de long. Si possible, fournissez un morceau de ficelle à chaque enfant.

Avant l'arrivée des enfants, répétez la solution du casse-tête de ficelle. Vous trouverez la solution à la fin de l'activité.

Pour commencer, donnez un morceau de ficelle ou corde à un enfant. Demandez-lui de faire un nœud avec la ficelle. Pour faire un nœud desserré, l'enfant fera un boucle avec la ficelle, fera passer un bout dessus et à travers le boucle, et tirera les deux bouts.

Ensuite dites : **Maintenant je vais changer l'instruction. Il sera plus difficile maintenant.** Demandez à l'enfant de faire un nœud pendant qu'il ou elle tient les deux bouts de la ficelle au même temps. L'enfant ne doit ni lâcher un bout de ficelle ni l'autre. Apres quelques minutes, laissez un autre enfant essayer de le faire. S'il y a assez de ficelle, laissez tous les enfants l'essayer. Si un enfant arrive à faire un nœud, demandez-lui d'attendre les autres enfants.

Apres quelques minutes encore, démontrez la solution du casse-tête de ficelle. D'abord, croisez les bras devant la poitrine, avec une main en haut de l'autre bras, et l'autre main dessous le premier bras. Tenez un bout de ficelle dans chaque main. (Quelqu'un peut vous aider à empoigner les bouts de ficelle avec les bras croisés.) Ensuite, ouvrez les bras tout en tenant la ficelle. Avec les bras tout droits, vous ferez un nœud avec la ficelle.

Dites : **Souvent nous connaissons des situations difficiles, et nous ne savons pas comment les en trouver des solutions. Mais Dieu peut faire des miracles quand les circonstances nous paraissent impossibles. Avec cette étude, vous apprendriez l'histoire d'un miracle qu'a fait Dieu quand quelqu'un mettait confiance en lui.**

LEÇON BIBLIQUE

Préparez l'histoire suivante, adaptée de 1 Samuel 14.1-23, avant de la raconter aux enfants.

Jonathan, le fils de Saül, a décidé d'aller à l'avant-poste des Philistins. Pourtant, il ne l'a pas dit à son père. Saül faisait son camp de bataille sous un grenadier près de Guibea. Il avait 600 hommes avec lui. La situation paraissait désespérée : une armée de 600 hommes contre les Philistins nombreux.

L'avant-poste philistin se situait à l'autre coté d'un col. A chaque coté du col était des pointes rocheuses. Jonathan avait l'intention de franchir le col et atteindre les Philistins à l'autre coté.

Jonathan parlait à son écuyer. « Peut-être l'Eternel agira-t-il en notre faveur, car rien ne l'empêche de sauver par un petit nombre aussi bien que par un grand. »

L'écuyer acceptait d'aller avec Jonathan. Jonathan a dit : « nous allons nous faufiler jusqu'à ces hommes, puis nous nous découvrirons brusquement à eux. S'ils nous disent 'Halte ! Ne bougez pas jusqu'à ce que nous vous ayons rejoints', nous resterons sur place et nous ne monterons pas jusqu'à eux. Mais s'ils nous disent de monter jusqu'à eux, nous irons ; ce sera pour nous le signe que l'Eternel nous donne la victoire sur eux. »

Ce plan de Jonathan défiait toute logique militaire. Normalement, si deux soldats veulent attaquer une grande armée, c'est sage de se cacher jusqu'au dernier moment. Puis, les soldats frappent avec une attaque surprise. Cependant, Jonathan a suggéré qu'ils sortent au grand jour. Il fallait l'aide de Dieu si ce plan aurait de succès.

Jonathan et son écuyer se sont révélés aux soldats philistins. Les Philistins ont dit : « Tiens ! Voici des Hébreux qui sortent des trous où ils s'étaient cachés. »

Les Philistins à l'avant-poste leur ont crié : « Montez jusqu'à nous, nous avons quelque chose à vous apprendre. » Immédiatement Jonathan a reconnu que ce cri était un signe de Dieu. Jonathan croyait que Dieu pouvait leur donner la victoire à la bataille.

Jonathan a dit à son écuyer : « Suis-moi là-haut, car l'Eternel donne à Israël la victoire sur eux. » Ils ont grimpé le point rocheux. Ils ont tué 20 hommes sur un espace de 2 000 m².

Ensuite, Dieu a envoyé une panique au camp des Philistins. Les guetteurs postés par Saül autour de Guibea ont vu l'armée philistine courir en tous sens et se disperser çà et là. Saül a dit : « Faites l'appel et voyez qui nous a quittés. » Quand ils ont fait l'appel, Saül reconnaissait que Jonathan et son écuyer manquaient. Cet appel retardait l'entrée de Saül et son armée à la bataille.

Saül a demandé à Ahiya d'apporter le coffret de l'Eternel. Ahiya était un prêtre de la famille d'Eli. Dieu avait dénoncé tous les prêtres de la famille d'Eli. Saül a demandé au prêtre d'exécuter un rite afin de chercher la volonté de Dieu pour l'armée.

Quand Saül parlait au prêtre, le désordre au camp philistin augmentait. Alors, Saül a dit au prêtre : « Retire ta main. » Saül a demandé au prêtre de s'arrêter au milieu du rite. Saül était encore impatient avec Dieu.

Ensuite, Saül et toute son armée se sont assemblés et ils sont allés à la bataille. Les Israélites voyaient que les Philistins étaient désorientés. Les Philistins se sont frappés les uns les autres avec leurs épées. Les autres personnes avec les Philistins et ceux qui se sont cachées à Ephraïm ont joint la bataille contre les Philistins. Le temps de la fin de la bataille, l'armée de Saül était bien augmenté.

Ainsi l'Eternel a délivré Israël ce jour-la, et la combat s'est poursuivi jusqu'au delà de Beth Aven.

Encouragez les enfants à répondre aux questions suivants. Il n'y a ni réponses correctes ni incorrectes. Ces questions aideront les enfants à comprendre l'histoire et à l'appliquer à leurs vies.

1, L'écuyer est allé avec Jonathan pour lutter les Philistins. Comment pensez-vous que l'écuyer ressentait à propos de cette situation ?

2, Pourquoi n'a pas dit Jonathan à son père qu'il allait lutter les Philistins ?

3, Lisez 1 Samuel 2.30-36. L'Eternel a rejeté tous les prêtres de la famille d'Eli. Toutefois, Saül a choisi Ahiya d'être son prêtre. Pensez-vous que c'était un choix sage ? Pourquoi, ou pourquoi pas ?

4, Pourquoi attendait Jonathan un signe de l'Eternel avant de lutter les Philistins ? Qu'est-ce que ceci montre à propos de la foi de Jonathan ?

5, Lisez 1 Samuel 14.16-19. Quelle chose a fait Saül qui était mauvaise ? Quels autres choix avaient Saül ?

Dites : **Quand nous apprenons des miracles de Dieu, nous comprenons davantage de lui. Jonathan et son écuyer ont vaincu 20 Philistins. Dieu a causé les autres Philistins au camp de s'affoler. Ces évènements étaient des miracles. Qu'est-ce que ces miracles vous disent de Dieu ? Pensez-vous que les miracles n'ont lieux qu'aux histoires bibliques ? Est-ce que les miracles ont lieux aujourd'hui ? Connaissez-vous quelqu'un qui a expérimenté un miracle ? Avez-vous expérimenté un miracle dans votre vie ? Continuez à faire confiance à Dieu et croyez qu'il fait toujours des miracles !**

VERSET À RETENIR

Répétez le verset à retenir. Vous en trouverez des suggestions à la page 131.

ACTIVITÉS SUPPLÉMENTAIRES

Choisissez entre les idées suivantes pour améliorer l'apprentissage des enfants.

1, Dites : **Jonathan avait une grande foi. Jonathan et son écuyer ont décidé de lutter sans les autres soldats. Ils ont lutté quand l'ennemi était dix fois plus nombreux.** Demandez : **Quelles autres obstacles ont surmonté-t-ils ? Comment ont-ils gagné malgré ces obstacles ? Quelles obstacles avez-vous surmonté, ou quelqu'un que vous connaissez ? Comment avez-vous remarqué l'aide de Dieu pendant ces luttes ?**

2, Aidez les enfants à trouver à la Bible d'autres exemples d'une personne ou un groupe qui a surmonté des grands obstacles avec l'aide de Dieu. Lisez Exode 13.17-14.29, Juges 7, ou 2 Chroniques 20.1-30. Demandez : **Quels sont les noms d'autres personnes qui ont surmonté des grandes obstacles ? Quelles caractéristiques en commun avaient ces personnes ?**

3, Dites aux enfants : **Nous pouvons faire grandes choses quand Dieu agi en nous.** Demandez aux enfants : **De quels actes héroïques êtes-vous témoins ? Quel est l'acte le plus héroïque que vous avez jamais fait ?** Permettez les enfants de choisir une des façons suivantes à raconter leurs histoires : à l'orale, à l'écrit, ou au dessin.

4, Mettez en scène la page biblique. Les rôles comprennent les suivants : le roi Saül, Jonathan, son écuyer, et les Philistins de l'avant-poste. Consultez 1 Samuel 14.1-23 pour le dialogue. Encouragez les enfants d'improviser aussi un peu de dialogue. Défiez les enfants à créer les accessoires des ressources disponibles.

QUESTIONS D'ESSAI POUR LE CONCOURS ÉLÉMENTAIRE

Pour préparer les enfants pour le concours, lisez-les 1 Samuel 14.1-23.

1 **Qui savait que Jonathan est quitté le groupe assis sous le grenadier ? (14.3)**

1, Doëg
2, Ahiya
3, Personne

2 **Qui a dit : « rien ne l'empêche de sauver par un petit nombre aussi bien que par un grand » ? (14.6)**

1, L'écuyer de Jonathan
2, Jonathan
3, Saül

3 Que fera Jonathan et son écuyer si les Philistins disent : « Ne bougez pas jusqu'à ce que nous vous ayons rejoints. » ? (14.9)

1, Ils courront vers Saül.

2, Ils resteront sur place.

3, Ils monteront jusqu'à eux.

4 Que disaient les Philistins quand ils voyaient Jonathan et son écuyer ? (14.11-12)

1, « Attendez-la. Nous venons à vous. »

2, « Montez jusqu'à nous, nous avons quelque chose à vous apprendre. »

3, Les deux réponses sont bonnes.

5 Combien de Philistins ont tué Jonathan et son écuyer ? (14.14)

1, Une cinquantaine

2, Une quinzaine

3, Une vingtaine

6 Qui a semé la panique parmi les Philistins ? (14.15)

1, L'Eternel

2, David

3, Saül

7 Quelle chose a ordonné Saül à ses soldats quand il voyait la panique chez les Philistins ? (14.17)

1, « Chassez les Philistins. »

2, « Faites l'appel et voyez qui nous a quitté. »

3, Les deux reponses sont bonnes.

8 Quand le désordre augmentait au camp des Philistins, quelle chose à Saül demandé à Ahiya de faire ? (14.19)

1, « Retire ta main. »

2, « Aide les hommes à lutter. »

3, « Cache l'éphod des Philistins. »

9 Quelle chose a fait l'Eternel pour Israël le jour ou l'armée philistine s'affolait ? (14.23)

1, Il n'a rien fait.

2, Il les a accordé la délivrance.

3, Il dit aux Israélites où ils devaient se déplacer.

10 Finissez ce verset : « Rien n'empêche l'Éternel de sauver au moyen … » (1 Samuel 14.6)

1, « . . . d'un petit nombre comme d'un grand nombre ».

2, « . . . de l'orage comme de la pluie ».

3, « . . . de la sable comme du rocher. »

QUESTIONS D'ESSAI POUR LE CONCOURS SUPÉRIEUR

Pour préparer les enfants pour le concours, lisez-les 1 Samuel 14.1-23.

1 Quelle décision prenait Jonathan quand Saül était à la sortie de Guibea sous le grenadier ? (14.1-2)

1, Aller au poste des Philistins

2, Rentrer chez lui

3, Aller à Guilgal

4, Faire une alliance avec David

2 Quelle chose a Jonathan dit à son écuyer que l'Eternel peut-être fera pour eux ? (14.6)

1, Bouger les pointes rocheuses

2, Envoyer les Philistins chez eux

3, Agir en leur faveur

4, Toutes les réponses sont bonnes.

3 Qu'a-t-il dit, l'écuyer à Jonathan, à propos du plan d'aller au poste des Philistins ? (14.7)

1, « Je ne veux pas te suivre. »
2, « Retournons à Saül »
3, « Je veux tuer tous les Philistins. »
4, **« Allons-y ! Je suis prêt à te suivre où tu voudras. »**

4 Quand les Philistins leur ont dit de monter jusqu'à eux, quelle chose a dit Jonathan à son écuyer ? (14.11-12)

1, **« Suis-moi là-haut, car l'Eternel donne à Israël la victoire sur eux. »**
2, « J'y vais lutter. Reste ici. »
3, « Va chercher Saül et l'armée pour nous aider. »
4, « Attendons que les Philistins viennent à nous. »

5 Qu'est-ce qu'il s'est passé à l'armée philistine après Jonathan et son écuyer ont massacré une vingtaine d'eux ? (14.14-15)

1, L'armée philistine a tué Jonathan.
2, **La panique s'est répandue dans le camp philistin.**
3, L'armée philistine s'est enfuit.
4, Toutes les réponses sont bonnes.

6 Les guetteurs postés par Saül ont vue quoi quand la panique s'est répandue dans le camp philistin ? (14.16)

1, L'armée avançait vers eux.
2, **L'armée courait en tous sens et se dispersait çà et là.**
3, Jonathan et son écuyer se sont enfuit.
4, Toutes les réponses sont bonnes.

7 Qui manquaient à l'armée israélite quand Saül a fait l'appel ? (14.17)

1, **Jonathan et son écuyer**
2, Saül et David
3, Saül et Ahiya
4, Jonathan et Ahiya

8 Quelle chose à Saül demandé à Ahiya de lui apporter ? (14.18)

1, Une boule de cristal
2, **L'éphod**
3, Une carte
4, Son épée

9 Que faisaient les Philistins quand ils étaient complètement désorienté ? (14.20)

1, Ils quittaient leur camp.
2, Ils commençaient à lutter contre les Israélites.
3, Ils tuaient Jonathan et Saül.
4, **Ils s'entretuaient de coups d'épée.**

10 Les Israélites qui se sont caché à Ephraïm, qu'est-ce qu'ils ont fait quand ils ont entendu que les Philistins fuyaient la bataille ? (14.22)

1, Ils luttaient contre les Israélites.
2, Ils se cachaient encore plus enfoncé dans les collines.
3, **Ils joignaient la bataille contre les Philistins.**
4, Ils fuyaient avec les Philistins.

VERSET À RETENIR

« Samuel dit : L'Éternel trouve-t-il du plaisir dans les holocaustes et les sacrifices, comme dans l'obéissance à la voix de l'Éternel ? Voici, l'obéissance vaut mieux que les sacrifices, et l'observation de sa parole vaut mieux que la graisse des béliers. » (1 Samuel 15.22)

VÉRITÉ BIBLIQUE

Dieu exige que nous expliquions nos actions.

CŒUR DE LA LEÇON

Dieu exige qu'on lui obéisse. Il punit ceux qui lui désobéissent continuellement.

CONSEILS PÉDAGOGIQUES

Permettez les enfants d'exprimer leurs sentiments sur Saül. C'est possible que les enfants pensent que Dieu a punit Saül sévèrement pour peu de péchés. Toutefois, Dieu a punit Saül parce que son égard ne montrait ni révérence ni honneur pour Dieu.

1 SAMUEL 15.1-35

COMMENTAIRE BIBLIQUE

Lisez 1 Samuel 15.1-35. Samuel a donné à Saül un message de l'Eternel. Dieu a dit à Saül de détruire les Amalécites, ainsi que toutes leurs possessions. Dieu les punissait parce qu'ils s'opposaient à lui, et ils menaçaient de détruire les Israélites. Ils étaient aussi un peuple dépravé.

Les Qéniens étaient un peuple qui vivait parmi les Amalécites. Les Qéniens traitaient bien les Israélites. Saül prévenait aux Qéniens de sortir du milieu d'Amalec.

Quand Saül attaquait Amalec, il n'obéissait pas à la commande de l'Eternel. Saül ne détruisait pas toutes leurs possessions, et il ne tuait non plus toute chose animée. Au lieu de compter sur l'aide de Dieu, Saül a prit sa propre décision comment s'occuper d'Amalec.

A cause de la désobéissance de Saül, Dieu lui a rejeté comme roi d'Israël. Les actions de Saül attristaient Samuel et l'Eternel, tous deux. Dieu regrettait d'avoir choisi Saül comme roi d'Israël.

CARACTÉRISTIQUES DE DIEU

- Dieu exige qu'on lui obéisse.
- Dieu punit ceux qui continuent à lui désobéir.

PERSONNES

- Les **Amalécites** descendaient d'Amalec qui était le petit-fils d'Esaü. Les Amalécites attaquaient Israël pendant qu'ils voyageaient dans le désert après ils quittaient Egypte.
- Les **Qéniens** étaient une tribu qui montrait de la gentillesse aux Israélites quand ils quittaient Egypte.
- **Agag** était le roi d'Amalec.

ENDROITS

- **Telaïm** était l'endroit où Saül convoquait son armée avant d'attaquer les Amalécites.
- **Guilgal** était une ville à l'est du Jourdain et au nord de la mer Morte. Samuel y a tué Agag.

CHOSES

- Le **butin** est une groupe d'objets qu'on a volé ou pris de force.

ACTIVITÉ

Pour cette activité, vous en aurez besoin d'une paire de chaussures à lacets.

Dites : **Aujourd'hui nous allons apprendre comment il est important de suivre attentivement les instructions. J'ai besoin de votre aide d'apprendre comment lacer mes chaussures.** Demandez un volontaire de vous instruire comment le faire. Suivez les instructions au pied de la lettre, et ne permettez pas que l'enfant passe une étape.

Assurez que l'enfant n'oublie pas les étapes implicites. Par exemple, un enfant peut oublier les étapes suivants : Penchez-vous afin de toucher les chaussures. Tenez un lacet avec une seule main. Tenez-vous encore debout.

Quand les instructions ne sont pas claires, essayez de les suivre à une façon alternative. Par exemple, si l'enfant vous demande de tenir un lacet avec la main, tenez-le avec la main opposée, d'une telle façon que vous croisez les bras. Permettez l'enfant de modifier ses instructions et d'en ajouter.

Cette activité vous ferez plaisir et un challenge. Permettez autres enfants d'aider l'enfant qui vous instruit.

Quand vous finissez de lacer vos chaussures, dites : **J'ai complètement suivi vos instructions. Maintenant on va apprendre sur la fois quand**

Saül n'a pas complètement suivi les instructions de Dieu.

LEÇON BIBLIQUE

Préparez l'histoire suivante, adaptée de 1 Samuel 15.1-35, avant de la raconter aux enfants.

Samuel a distribué un message de l'Eternel à Saül. L'Eternel voulait que Saül attaque les Amalécites et détruire tout le peuple, leurs bœufs et brebis, chameaux et ânes. Il y a longtemps, les Amalécites ont attaqué les Israélites au désert en route de l'Egypte. Dieu avait promis à cette époque là de détruire les Amalécites à cause de leurs crimes. Aussi, Dieu voulait éviter qu'ils corrompent les Israélites avec leurs coutumes d'idolâtrie.

Saül plaçait une embuscade réussie dans un ravin d'Amalec. Saül et son armée épargnaient Agag et aussi le meilleur bétail. Ils ont exterminé toute autre chose. Quand Saül a choisi d'épargner Agag et le meilleur bétail, il a désobéit au commandement de Dieu.

Puis l'Eternel a dit à Samuel : « Je décide d'annuler ce que j'ai fait en établissant Saül roi, car il s'est détourné de moi et il n'a pas tenu compte de mes ordres.»

Le lendemain, Samuel avait l'intention d'aller voir Saül. Mais on lui a dit que Saül est allé à Karmel, ou il s'est érigé un mémorial. Quand Samuel a rencontré Saül à Guilgal, Saül a dit : « Que l'Eternel te bénisse ! J'ai exécuté l'ordre de l'Eternel. »

Samuel a répondu : « Si tu as bien exécuté l'ordre de l'Eternel, d'où viennent donc ces bêlements de moutons qui résonnent à mes oreilles et ces mugissements de bœufs que j'entends ? »

Saül a dit : « Les soldats ont amené quelques bêtes de chez les Amalécites. Ils ont épargné les meilleures bêtes parmi les moutons et les bœufs pour les offrir en sacrifice à l'Eternel ton Dieu ; le reste nous l'avons totalement détruit. »

Saül tenait responsables ses soldats. Il a dit qu'ils gardaient quelques brebis et bœufs. Il essayait d'en tirer tout le crédit pour le dévouement de toute autre chose.

Samuel a dit à Saül : « L'Eternel t'a envoyé en campagne avec un ordre précis : Détruire les Amalécites, ce peuple de pécheurs, en les combattant jusqu'à leur totale extermination. Alors pourquoi n'as-tu pas obéi à l'ordre de l'Eternel ? »

Saül protestait, en disant : « Mais si, j'ai obéi à l'ordre de l'Eternel et j'ai accompli la mission qu'il m'avait confiée : j'ai ramené Agag, roi d'Amalec, et j'ai exterminé les Amalécites pour les vouer à l'Eternel ; mais les soldats ont pris les brebis et les bœufs, pour les offrir en sacrifice à l'Éternel, ton Dieu. »

Samuel a répondu : « L'obéissance est préférable aux sacrifices. Puisque tu as rejeté les ordres de l'Eternel, lui aussi te rejette et te retire la royauté. »

Saül a dit à Samuel : « j'ai eu peur de mécontenter mes soldats, et j'ai cédé à leurs demandes. » Saül craignait son peuple, et il voulait leur approbation. Il s'intéressait plus à l'opinion du peuple qu'aux commandes de Dieu.

Puis Saül a dit : « Je t'en prie, pardonne ma faute ; et reviens avec moi pour que je me prosterne devant l'Eternel. »

Mais Samuel refusait de revenir avec Saül. Comme Samuel se retournait pour partir, Saül le saisit par le pan de son manteau et le morceau était arraché. Samuel lui a dit : « C'est ainsi que l'Eternel t'arrache aujourd'hui la royauté d'Israël. »

Saül demandait encore à Samuel de revenir avec lui, afin qu'il puisse se prosterner devant l'Eternel. Finalement, Samuel acceptait et revenait avec Saül, et Saül se prosternait devant l'Eternel. Ensuite Samuel ordonnait qu'on lui amène Agag. Samuel a suivi la commande de l'Eternel, et Samuel a fait ce que Saül n'a pas fait. Samuel a tué Agag.

Samuel n'allait plus voir Saül jusqu'au jour de sa mort ; mais il était dans l'affliction à son sujet. L'Eternel était triste qu'il ait choisi Saül comme roi d'Israël. L'Eternel ne s'est pas trompé quand il a choisi Saül. Il permettait Saül à choisir de lui suivre ou non. Dieu était triste que Saül ait choisi de lui désobéir.

Encouragez les enfants à répondre aux questions suivants. Il n'y a ni réponses correctes ni incorrectes. Ces questions aideront les enfants à comprendre l'histoire et à l'appliquer à leurs vies.

1, Les Amalécites ont attaqué les Israélites quand ils quittaient Egypte. Comment pensez-vous que les Amalécites se ressentaient quand Dieu les a punit pour les crimes de leurs ancêtres ?

2, Pensez-vous que Saül a bien fait quand il épargnait les Qéniens ? Pourquoi ou pourquoi pas ?

3, A 1 Samuel 15.12, Saül a érigé un monument en l'honneur de lui-même. Qu'est-ce que ceci dévoile de l'égard et du caractère de Saül ? De son égard à travers Dieu ?

4, Quelles excuses a donné Saül quand il épargnait le roi Agag et le meilleur bétail ? Qu'est-ce que vous feriez à la même situation ?

5, Comment est-ce que Dieu se ressentait de son choix de choisir Saül comme roi ? Pourquoi se ressentait-il ainsi ? Pensez-vous qu'il avait raison d'être triste ?

Aujourd'hui nous avons appris que Saül a désobéit à Dieu. Saül a décidé qu'il pouvait prendre ses propres décisions à propos de la bataille avec les Amalécites. Saül n'a pas accompli la mission à la façon dont Dieu l'avait ordonné. Dieu a punit Saül parce que Saül lui a désobéit. Dieu sait ce qu'il est mieux pour nous. Nous devons faire confiance en lui et lui obéir.

VERSET À RETENIR

Répétez le verset à retenir. Vous en trouverez des suggestions à la page 131.

ACTIVITÉS SUPPLÉMENTAIRES

Choisissez entre les idées suivantes pour améliorer l'apprentissage des enfants.

1, Des son avènement jusqu'au jour où Dieu lui a rejeté comme roi, combien de fois a Saül désobéit à Dieu ? Avec quelles façons a-t-il lui désobéit ? Lisez les histoires du roi Saül aux chapitres 9 à 15 de 1 Samuel pour en retrouver la réponse.

2, L'Eternel a dit à Samuel : « J'ai décidé de punir les Amalécites pour ce qu'ils ont fait au peuple d'Israël, en se mettant en travers de sa route quand il venait d'Egypte. » (1 Samuel 15.2) Lisez sur la guerre continuelle contre les Amalécites à Exode 17.8-16 ; Nombres 14.41-45 ; Deutéronome 25.17-19 ; Juges 3.12-14, 6.3-5, 7.12 et 10.11-12.

QUESTIONS D'ESSAI POUR LE CONCOURS ÉLÉMENTAIRE

Pour préparer les enfants pour le concours, lisez-les 1 Samuel 15.1-35.

1 Comment aidaient-ils les Qéniens aux Israélites quand ils venaient d'Egypte ? (15.6)

1, Ils les aidaient à lutter contre les Cananéens.

2, Ils donnaient des emplois aux Israélites.

3, Ils étaient bons envers les Israélites.

2 Qu'est-ce que c'est que Saül a fait au roi Agag ? (15.8)

1, Il l'a tué.

2, Il l'a capturé vivant.

3, Il l'a envoyé comme esclave en Canaan.

3 Apres les Israélites ont lutté les Amalécites, quelle décision prenait Dieu de Saül ? (15.11)

1, Il a décidé d'annuler ce qu'il a fait en établissant Saül roi.

2, Il a décidé de célébrer ce qu'il a fait en établissant Saül roi.

3, Il a décidé de guérir les blessures que Saül a souffertes en bataille.

4 Qu'est-ce que c'est que Saül a dit à Samuel quand Samuel est arrivé à Guilgal ? (15.13)

1, Le roi Agag s'est échappé.

2, Dis-moi ce que je dois faire.

3, J'ai exécuté l'ordre de l'Eternel.

5 Selon Saül, pour quelle raison ont amené l'armée les meilleurs bêtes parmi les moutons et bœufs des Amalécites ? (15.15)

1, Ils en avaient besoin pour la nourriture.
2, Ils voulaient augmenter leurs troupeaux.
3, Ils voulaient les offrir en sacrifice à l'Eternel.

6 Quelle chose a dit Samuel est préférable aux sacrifices ? (15.22)

1, Ecouter l'Eternel
2, Parler à l'Eternel
3, L'obéissance à l'Eternel

7 Pourquoi a rejeté l'Eternel Saül comme roi ? (15.23)

1, Il a rejeté l'aide de Samuel.
2, Il a rejeté les ordres de l'Eternel.
3, Les deux réponses sont bonnes.

8 Apres Samuel a dit à Saül que Dieu lui a rejeté comme roi, qu'a-t-il dit, Saül ? (15.24)

1, J'ai péché.
2, J'ai transgressé l'ordre de l'Eternel.
3, Les deux reponses sont bonnes.

9 A qui a dit Samuel que Dieu a donné le royauté d'Israël, au lieu de Saül ? (15.28)

1, Un autre qui est meilleur que Saül.
2, Samuel
3, Le fils de Saül.

10 Qui a tué le roi Agag ? (15.33)

1, Saül
2, Samuel
3, David

QUESTIONS D'ESSAI POUR LE CONCOURS SUPÉRIEUR

Pour préparer les enfants pour le concours, lisez-les 1 Samuel 15.1-35.

1 Qu'est-ce qu'ils ont fait les Amalécites aux Israélites quand ils venaient d'Egypte ? (15.2)

1, Ils les aidaient.
2, Ils se mettaient en travers de leur route.
3, Ils les donnaient de la nourriture.
4, Ils les donnaient de l'abri.

2 Qu'est-ce que Dieu voulait que Saül fasse aux Amalécites ? (15.3)

1, Les attaquer.
2, Les exterminer totalement avec tout ce qui leur appartient.
3, Tuer tous les personnes, bœufs, moutons, chèvres, chameaux et ânes
4, Toutes les reponses sont bonnes.

3 Pendant la bataille avec les Amalécites, qu'est-ce que Saül et son armée ont épargné ? (15.9)

1, Agag
2, Les meilleurs animaux du butin : moutons, chèvres et bœufs.
3, Bêtes grasses et agneaux.
4, Toutes les reponses sont bonnes.

4 Pourquoi a décidé Dieu d'annuler ce qu'il a fait en établissant Saül roi ? (15.11)

1, Saül s'est détourné de Dieu et il n'a pas tenu compte de ses ordres.
2, Saül a tué trop de personnes.
3, Saül a érigé un palais pour lui-même.
4, Saül a volé de l'argent du temple.

5 Quelle chose a fait Saül à Karmel le lendemain après la bataille avec les Amalécites ? (15.12)

1, **Il y a érigé un mémorial.**

2, Il y a lutté le peuple.

3, Il y a adoré l'Eternel.

4, Il y a parlé à ses fils.

6 Quel message de l'Eternel a distribué Samuel à Saül ? (15.16-19)

1, L'Eternel t'a oint pour t'établir roi d'Israël.

2, Pourquoi n'as-tu pas obéi à l'ordre de l'Eternel ?

3, Pourquoi as-tu fait ce qu'il considère comme mal ?

4, **Toutes les réponses sont bonnes.**

7 Quand Samuel lui a demandé « Pourquoi n'as-tu pas obéi à l'ordre de l'Eternel ? », comment est-ce que Saül a répondu ? (15.19-20)

1, « Mais si, j'ai obéi à l'ordre de l'Eternel. »

2, « J'ai accompli la mission qu'il m'avait confiée. »

3, « J'ai ramené Agag, roi d'Amalec, et j'ai exterminé les Amalécites. »

4, **Toutes les réponses sont bonnes.**

8 Qu'est-ce que Saül a prié à Samuel de faire après la bataille avec Amalec ? (15.25)

1, « Montres-moi quoi faire. Je veux être roi. »

2, **« Pardonne ma faute ; et reviens avec moi pour que je me prosterne devant l'Eternel. »**

3, « Aides-moi à dire non au peuple. Ils me font peur. »

4, Toutes les reponses sont bonnes.

9 Qu'est-ce que Saül a fait à Samuel comme il se retournait pour partir ? (15.27)

1, **Saül l'a saisi par le pan de son manteau et le morceau était arraché.**

2, Saül l'a fait prisonnier.

3, Saül l'a causé de tomber.

4, Saül l'a remercié d'avoir venu.

10 Finissez ce verset : « Samuel dit : L'Éternel trouve-t-il du plaisir dans les holocaustes et les sacrifices, comme dans l'obéissance à la voix de l'Éternel ? … » (1 Samuel 15.22)

1, « . . . Voici, l'obéissance ne vaut pas autant que les sacrifices. »

2, **« . . . Voici, l'obéissance vaut mieux que les sacrifices, et l'observation de sa parole vaut mieux que la graisse des béliers. »**

3, « . . . Voici, la désobéissance vaut mieux que les sacrifices, et l'observations de sa parole est pire que la graisse des béliers. »

4, « . . . Voici, la désobéissance est mauvaise aux yeux de l'Eternel. »

VERSET À RETENIR

« L'Éternel ne considère pas ce que l'homme considère ; l'homme regarde à ce qui frappe les yeux, mais l'Éternel regarde au cœur. » (1 Samuel 16.7)

VÉRITÉ BIBLIQUE

Dieu connait nos pensées et nos sentiments.

CŒUR DE LA LEÇON

Avec cette étude, les enfants apprendront que l'apparence de l'on n'est pas aussi important que son égard de Dieu.

CONSEILS PÉDAGOGIQUES

Comme vous gérez l'étude biblique, expliquez aux enfants que le mauvais esprit qui a tourmenté Saül était le résultat du manque de la présence de Dieu. A cause des mauvais choix qu'a pris Saül, la présence de Dieu lui est partie. Ce que Saül a expérimenté était les effets affreux de cette séparation de Dieu.

COMMENTAIRE BIBLIQUE

Lisez 1 Samuel 16.1-23. Dieu a rejeté Saül comme roi. Dieu a dit à Samuel de cesser de pleurer Saül. Dieu lui a dit qu'il voulait qu'il aille à Bethléhem. Dieu a choisi un des fils d'Isaï comme le roi prochain. Dieu voulait que Samuel y aille pour oindre le roi prochain.

Samuel voyait les fils d'Isaï. Samuel croyait qu'Eliab était le fils choisi par Dieu d'être le roi prochain. Samuel pensait qu'Eliab avait l'apparence physique et la taille imposante d'un roi. Dieu ne regarde ni l'apparence ni la taille de l'on. Au lieu, il regarde sa fidélité à lui. Dieu a dit à Samuel d'oindre David. David avait une bonne apparence, mais David était aussi fidèle à Dieu.

Pendant ce temps, l'Esprit de l'Eternel s'est retiré de Saül. Il a expérimenté les effets affreux du manque de l'Esprit de Dieu. Saül a demandé à David de lui jouer de la musique. Quand David était près de Saül et lui jouait de la musique, Saül se sentait mieux.

CARACTÉRISTIQUES DE DIEU

• Dieu sait que la caractéristique la plus importante chez un dirigeant s'agit de ses relations harmonieuses avec Dieu.

• Dieu connait nos pensées et nos égards, et il veut que nous lui aimions et lui obéissions.

PERSONNES

• **Isaï** était le père de David. Il était aussi le petit-fils de Ruth.

ENDROITS

- **Bethléhem** était une ville située à peu près 8km de Jérusalem. C'était la ville natale de David et aussi l'endroit ou Samuel lui a oint comme le roi prochain.

CHOSES

- Une **génisse** est une jeune vache femelle.
- **Oindre** veut dire verser de l'huile sur la tête de quelqu'un. C'était un acte de dédicace et de bénédiction pour des rois, des prêtres, et des prophètes. Cet acte montrait que Dieu a choisi la personne de faire une tache spéciale pour lui.
- Une **corne d'huile** est une corne d'animal remplit par un prêtre avec de l'huile. L'huile était probablement l'huile d'olive.

ACTIVITÉ

Vous aurez besoin d'une couverture aussi grand d'envelopper quelqu'un.

Avant la classe, envelopper un volontaire dans la couverture. Choisissez un volontaire qui ne sera pas immédiatement reconnu par les enfants. Invitez les enfants de deviner qui c'est. Ensuite enlevez la couverture et montrez la personne.

Dites : Enveloppée dans la couverture, cette personne paraissait différente. Toutefois, est-ce que la couverture a changé qui a était à l'intérieure ? Aujourd'hui, avec notre étude, nous allons apprendre que l'apparence extérieure de quelqu'un ne nous dit rien de leurs égards et pensées intérieures. Saül était grand et beau, ainsi le peuple pensait qu'il serait un bon roi. Mais Saül avait des problèmes intimes. Beaucoup de fois, il a choisi de ne pas faire confiance en Dieu ou de lui désobéir. Aujourd'hui nous allons apprendre comment Dieu reconnaissait l'égard d'un bon serviteur chez quelqu'un qui n'avait pas l'apparence d'un roi.

LEÇON BIBLIQUE

Préparez l'histoire suivante, adaptée de 1 Samuel 16.1-23 avant de la raconter aux enfants.

L'Eternel a dit à Samuel de remplir sa corne d'huile et aller à Bethléhem rendre visite à Isaï. L'Eternel avait choisi un des fils d'Isaï comme le roi prochain. Dieu voulait que Samuel ointe ce jeune homme.

Samuel avait peur de le faire. Il craignait que Saül découvre ce qu'il allait faire et essaie de le tuer. L'Eternel lui a dit d'emmener une génisse chez Isaï et l'offrir en sacrifice. Dieu a dit à Samuel d'inviter Isaï et ses fils au sacrifice.

Samuel a tout fait comme l'Eternel a demandé. Quand Samuel est arrivé à Bethléhem, il demandait à Isaï et ses fils de se purifier en les invitant à prendre part au repas du sacrifice.

Quand Isaï et ses fils sont arrivés, Samuel a remarqué Eliab. Samuel pensait qu'Eliab était le choix de l'Eternel. Mais l'Eternel a dit à Samuel de ne pas considérer ni l'apparence ni la taille d'Eliab. L'Eternel n'a pas choisi Eliab comme roi. L'Eternel ne regarde pas l'apparence extérieure. Au lieu, il regarde le cœur, et l'égard de la personne à lui et aux autres.

Deux autres fils d'Isaï, Abinadab et Chamma, sont passés devant Samuel. L'Eternel ne les a pas choisis. Quatre fils encore d'Isaï sont passés devant Samuel. Enfin Samuel a dit à Isaï : « L'Eternel n'a choisi aucun de ceux-là. Est-ce que ce sont là tous tes garçons ? » Isaï a répondu qu'il y en avait un autre fils, le plus jeune. Il était un berger, et il était en train de garder les moutons au pâturage. Samuel a demandé à Isaï d'appeler ce fils.

Isaï envoyait chercher son fils le plus jeune, David. C'était un garçon aux cheveux roux, avec de beaux yeux et qui avait belle apparence. L'Eternel a dit à Samuel d'oindre David. Celui était choisi. Alors Samuel a prit la corne pleine d'huile et a oint David en présence de sa famille. L'Esprit de l'Eternel est tombé sur David et demeurait sur lui à partir de ce jour-là et dans la suite.

Par contre, l'Esprit de l'Eternel s'est retiré de Saül, et un mauvais esprit envoyé par l'Eternel s'est mis à le tourmenter. Les serviteurs de Saül ont suggéré qu'on cherche un joueur de la lyre pour le soulager. Saül était d'accord, et a demandé à ses serviteurs d'en chercher quelqu'un.

Un de ses serviteurs a signalé qu'il connaissait un fils d'Isaï qui jouait de la lyre. Le serviteur a décrit ce fils comme un brave guerrier qui s'exprime bien avec une belle apparence. En plus, l'Eternel était avec lui.

Saül a envoyé ses messagers à Isaï. Ils lui ont dit d'envoyer David à Saül. Saül l'a pris en affection et lui a confié le soin de porter ses armes.

Dès lors, chaque fois que le mauvais esprit venu de Dieu assaillait Saül, David prenait sa lyre et en jouait. Alors Saül se calmait et se sentait mieux, et le mauvais esprit le quittait.

Encouragez les enfants à répondre aux questions suivants. Il n'y a ni réponses correctes ni incorrectes. Ces questions aideront les enfants à comprendre l'histoire et à l'appliquer à leurs vies.

1, Pourquoi c'était important que Samuel écoute l'Eternel quand il a choisi le roi prochain ? Comment est-ce que les critères de Samuel pour le roi différaient des critères de Dieu ?

2, Samuel regardait sept des fils d'Isaï avant d'oindre David. A votre avis, comment se ressentaient les frères plus âgés du choix de leur frère le plus jeune ?

3, Comment pensez-vous que Saül se ressentait quand il reconnaissait que l'Esprit de l'Eternel lui a quitté ? Quelle était la seule chose à le soulager ? Pourquoi ?

4, Comment est-ce que le verset à retenir, 1 Samuel 16.1-23, se rapporte à l'histoire biblique ?

Dites aux enfants : Dieu sait si nous somme fidèles à lui. Il connait nos pensées, nos sentiments, nos désirs, notre caractère, et les choix que nous prenons. Il y en a qui pensent que les actions visibles à l'œil sont importants. Dieu nous enseigne qu'il sait si nous somme fidèles à lui. Avez-vous choisi d'être fidèle à Dieu ?

VERSET À RETENIR

Répétez le verset à retenir. Vous en trouverez des suggestions à la page 131.

ACTIVITÉS SUPPLÉMENTAIRES

Choisissez entre les idées suivantes pour améliorer l'apprentissage des enfants.

1, Consultez des ouvrages de référence bibliques ou l'Internet pour rechercher les sens de ces prénoms : Samuel, Saül, et David. **Est-ce que les sens concordent aux personnes qu'on a étudiées à 1 Samuel ?**

2, Pourquoi c'est étonnant et ironique que Saül a invité David chez lui à 1 Samuel 16 ? Quelle chose ne savait pas Saül sur David à la fois ?

3, Cherchez et écoutez de la musique de la lyre. Pouvez-vous comprendre comment elle soulage celui avec l'esprit tourmenté ?

QUESTIONS D'ESSAI POUR LE CONCOURS ÉLÉMENTAIRE

Pour préparer les enfants pour le concours, lisez-les 1 Samuel 16.1-23.

1 Quel animal voulait l'Eternel que Samuel emmène quand il est allé chez Isaï ? (16.2)

1, Un brebis
2, Une génisse
3, Un chèvre

2 Apres Samuel invitera Isaï à assister le sacrifice, qui l'indiquera quoi faire ? (16.3)

1, Les fils d'Isaï
2, Isaï
3, L'Eternel

3 Lequel des fils d'Isaï a Samuel remarqué en premier ? (16.6)

1, Eliab
2, Abinadab
3, Shammah

4 Comment a répondu Isaï quand Samuel lui a demandé : « Est-ce que ce sont là tous tes garçons ? » (16.11)

1, « Il reste encore le plus jeune. »
2, « Il garde les moutons au pâturage. »
3, Les deux réponses sont bonnes.

5 Avec quelle chose est-ce que Samuel a oint David ? (16.13)

1, La graisse des béliers
2, Le pichet d'eau
3, La corne d'huile

6 Qui est tombé sur David après Samuel l'a oint ? (16.13)

1, L'Esprit de l'Eternel
2, L'esprit du peuple
3, Les esprits de 100 guerriers

7 Qu'est-ce que c'est qui a tourmenté Saül ? (16.14)

1, Les plaintes du peuple
2, Un mauvais esprit
3, Les deux réponses sont bonnes.

8 Quand David est entrée au service de Saül, quel travail a-t-il prit ? (16.21)

1, Faire la cuisine
2, Porter des armes
3, Garder des moutons

9 Comment a David aidé à Saül quand le mauvais esprit assaillait Saül ? (16.23)

1, Il jouait de la lyre.
2, Il lisait à Saül.
3, Il cuisinait un repas pour Saül.

10 Qu'est-ce qu'il s'est passé quand David jouait de la lyre ? (16.23)

1, Saül se calmait et se sentait mieux.
2, Le mauvais esprit quittait Saül.
3, Les deux réponses sont bonnes.

QUESTIONS D'ESSAI POUR LE CONCOURS SUPÉRIEUR

Pour préparer les enfants pour le concours, lisez-les 1 Samuel 16.1-23.

1 Quelle conséquence craignait Samuel s'il allait oindre un fils d'Isaï comme roi ? (16.2)

1, Le peuple peut être en colère contre lui.
2, Saül peut l'apprendre et le faire mourir.
3, Isaï peut être en colère contre lui.
4, Toutes les réponses sont bonnes.

2 Qu'est-ce que Samuel s'est dit quand il voyait Eliab ? (16.6)

1, « Cet homme ne sera pas le roi d'Israël. »

2, « J'espère que l'Eternel me dira quoi faire. »

3, « Certainement, c'est celui qui se tient maintenant devant l'Eternel. »

4, Toutes les réponses sont bonnes.

3 Qu'est-ce que l'Eternel a dit quand Samuel pensait qu'Eliab devra être roi ? (16.6-7)

1, « Ne te laisse pas impressionner par son apparence physique et sa taille imposante. »

2, « Je ne juge pas de la même manière que les hommes. »

3, « L'homme ne voit que ce qui frappe les yeux, mais l'Eternel regarde au cœur. »

4, Toutes les réponses sont bonnes.

4 Combien de fils d'Isaï a rejeté Samuel comme le roi prochain ? (16.10)

1, Trois

2, Cinq

3, Sept

4, Huit

5 Comment est décrit David par l Samuel ? (16.12)

1, Aux cheveux roux

2, Avec de beaux yeux

3, Ayant belle apparence

4, Toutes les réponses sont bonnes

6 Qu'est-ce que l'Eternel a dit quand Isaï a fait David venir devant Samuel ? (16.12)

1, « C'est lui. Vas-y, confère-lui l'onction. »

2, « Ce n'est pas lui que j'ai choisi. »

3, « C'est un autre fils d'Isaï que j'ai choisi. »

4, « Dis à David de me rendre honneur. »

7 En présence de qui a Samuel oint David avec la corne d'huile ? (16.13)

1, En présence de Saül

2, En présence des fils de David

3, En présence de la famille de David

4, En présence de tout Israël

8 Qui s'est retiré de Saül ? (16.14)

1, L'Esprit de l'Eternel

2, Eli

3, David

4, Jonathan

9 Comment ont les serviteurs de Saül décrit David ? (16.18)

1, « Il sait jouer de la lyre. »

2, « C'est un brave guerrier. »

3, « Il s'exprime bien, et il a belle apparence. »

4, « Toutes les réponses sont bonnes. »

10 Finissez ce verset : « L'Éternel ne considère pas ce que l'homme considère ; ... » (I Samuel 16.7)

1, « . . . l'homme regarde les choses vaines, mais l'Eternel sait ce qui est vraiment important. »

2, « . . . l'homme regarde à ce qui frappe les yeux, mais l'Éternel regarde au cœur. »

3, « . . . l'Eternel vois l'espérance où l'homme ne vois que le désastre. »

4, « . . . l'Eternel ne peut pas voir ce que vois l'homme. »

ÉTUDE 11

1 SAMUEL 17.1-51

VERSET À RETENIR

« Que personne ne méprise ta jeunesse ; mais sois un modèle pour les fidèles, en parole, en conduite, en charité, en foi, en pureté. » (1 Timothée 4.12)

VÉRITÉ BIBLIQUE

Dieu se sert de ses fidèles pour accomplir des tâches impossibles.

CŒUR DE LA LEÇON

Avec cette étude, les enfants apprendront que Dieu est puissant. Quand on se fie à Dieu et fait confiance à lui, on peut faire des choses qui paraissent impossibles.

CONSEILS PÉDAGOGIQUES

Aidez les enfants à reconnaitre l'énormité de la situation de David. Il était petit et jeune. Toutefois, Dieu se servait de lui pour faire un exploit extraordinaire. Son courage et sa confiance à Dieu, ils ont enseigné le peuple que Dieu est puissant.

COMMENTAIRE BIBLIQUE

Lisez 1 Samuel 17.1-51. L'armée israélite et l'armée philistine se sont installées aux collines opposés. Il y avait une vallée entre eux. Les armées ne voulaient pas livrer leurs emplacements aux collines.

Goliath, un Philistin bien fort et grand, défait l'armée israélite. Il leur demandait de lui envoyer un soldat israélite à lui affronter en combat singulier. Le vainqueur du combat pourrait soutenir la victoire pour toute l'armée. Saül et les Israélites craignaient Goliath, parce qu'ils manquaient la présence de Dieu aussi bien que son soutien.

David n'avait pas été formé comme soldat. Il était encore jeune et avait travaillé comme berger, messager, et écuyer. Toutefois, il était fidèle, et il possédait de la foi en Dieu. En plus il exerçait beaucoup de courage.

David a convaincu Saül à lui envoyer lutter contre Goliath, et il l'a vaincu. Sa victoire sur Goliath a confirmé que la présence de Dieu était avec David.

CARACTÉRISTIQUES DE DIEU

- Dieu veut que nous ayons confiance à sa puissance.
- Dieu aide ceux qui font confiance à lui à accomplir des tâches impossibles.

PAROLES DE NOTRE FOI

- La **foi** est une confiance à Dieu. Avec cette confiance, on croit ce que Dieu a dit, on compte sur lui, et on lui obéit.

CHOSES

- Un **javelot** est une arme comparable à une lance.
- Une **fronde** est deux lanières en cuir étroites, attachés au milieu à un morceau de cuir d'une plus grande largeur. Ça servait pour lancer des pierres.

ACTIVITÉ

Vous aurez besoin des objets suivants pour cette activité :

- Une chaussette
- Une petite balle

Placez la balle à l'intérieur de la chaussette. Expliquez aux enfants qu'une fronde est une arme qu'on fait tournoyer dessus la tête, et ensuite on la lance vers une cible. Dites : **Aujourd'hui nous allons utiliser cette chaussette pour évaluer vos précisions avec une fronde.**

Demandez aux enfants de se mettre en rang à une coté de la salle. Indiquez une cible à l'autre coté : un seau, une place au mur, un bâton, ou quoiqu'il y a. Laissez les enfants, tour à tour, lancer la chaussette vers la cible. Assurez que tout enfant ait un tour au moins. A cause du facteur de sécurité, prévoyez plein d'espace comme chaque enfant utilise la fronde.

Dites : **On s'amuse bien ! Imaginez que votre cible était presque 3m de grandeur ! Aujourd'hui nous allons apprendre que David a lutté contre un géant avec une fronde et une pierre. David avait foi que Dieu lui aidera. Dieu rendait possible que David accomplit une chose qui semblait impossible !**

LEÇON BIBLIQUE

Préparez l'histoire suivante, adaptée de 1 Samuel 17.1-51, avant de la raconter aux enfants.

Les Philistins et les Israélites se sont préparés à se combattre les uns contre les autres. Ils dressaient leurs camps aux montagnes opposées avec une vallée entre eux. Un champion nommé Goliath est sorti du camp philistin. C'était un géant mesurant près de trois mètres. Il était revêtu de beaucoup d'armures. Il portait un javelot, une lance, et une épée. Il criait aux Israélites de choisir un homme pour s'affronter en combat singulier. Saül et les Israélites étaient terrifiés.

Trois des fils d'Isaï étaient des soldats à l'armée israélite. Chaque matin et chaque soir, le Philistin venait se présenter en face de l'armée d'Israël et cela depuis quarante jours. David, le plus jeune des fils d'Isaï, gardait les moutons de son père à Bethlehem. Isaï a dit à David de porter de grains rôtis et dix pains à ses frères. Isaï l'a aussi dit d'emporter dix fromages au chef de leur millier. Isaï voulait être assuré que ses fils étaient bien vivants.

David est parti le lendemain du bon matin. Quand il est arrivé au campement, l'armée était en train de prendre position pour la bataille. David a entendu Goliath lançant son défi habituel. Tous les soldats d'Israël s'enfuirent terrorisés. David a demandé : « Qu'est donc ce Philistin, pour oser insulter les bataillons du Dieu vivant ? » David ne craignait point Goliath. Ce que David avait dit s'est propagé rapidement et a parvenu jusqu'aux oreilles de Saül qui, aussitôt, le faisait venir.

David a dit à Saül qu'il combattrait Goliath. Saül lui dit qu'il n'était qu'un garçon, et qu'il ne pouvait pas combattre Goliath. Ensuite, David a raconté à Saül comment il avait lutté un lion et un ours en gardant ses brebis. David lui a dit : « L'Eternel qui m'a délivré de la griffe du lion et de l'ours me délivrera aussi de ce Philistin. »

Saül a donné à David sa propre armure, son casque, sa cuirasse, et son épée. David les a essayés, mais il n'arrivait pas à bouger. David a dit à Saül : « Je ne peux pas marcher avec tout cet équipement, car je n'y suis pas entraîné. » Au lieu, il a prit son bâton en main, cinq cailloux bien lisses, et sa fronde.

Goliath s'avançait vers David et l'a maudit. Goliath se fâchait que David était venu le combattre. David lui a répondu : « Tu marches contre moi avec l'épée, la lance et le javelot, et moi je marche contre toi au nom de l'Eternel. »

David a plongé la main dans son sac, en a tiré un caillou, et l'a lancé avec sa fronde. La pierre a pénétré dans le crâne de Goliath et il s'est écroulé, la face contre terre. Ainsi, sans épée, avec sa fronde et une pierre, David a triomphé du Philistin, il l'a frappé et l'a tué.

Quand les Philistins voyaient que leur héros était mort, ils ont prit la fuite.

Encouragez les enfants à répondre aux questions suivants. Il n'y a ni réponses correctes ni incorrectes. Ces questions aideront les enfants à comprendre l'histoire et à l'appliquer à leurs vies.

1, Imaginez ce que pensaient les Israélites quand David voulait combattre Goliath avec une fronde et cinq cailloux. Mettez l'histoire en scène, et encouragez les enfants d'improviser le dialogue.

2, Lisez 1 Samuel 17.47. Quelle « arme » avait David qui manquait Goliath ? Comment vous sentez-vous, sachant que vous avez la même « arme » pour vous aider avec vos problèmes ?

3, Comment est-ce que le verset à retenir, 1 Timothée 4.12, se rapporte à l'histoire biblique ?

Dites : Goliath était très grand et fort. C'était un géant. David a triomphé de lui avec une fronde et un caillou. David dépendait de la puissance de l'Eternel. Probablement, vous ne triompherez jamais d'un géant à la bataille. Mais vous aurez peut-être des problèmes dans la vie qui paraissent très grand. Avez-vous expérimenté un problème qui paraissait très grand ? Dieu veut que vous fassiez confiance en lui avec tout problème. Dieu est fort et puissant. Dieu vous aidera avec les problèmes que vous expérimentez.

VERSET À RETENIR

Répétez le verset à retenir. Vous en trouverez des suggestions à la page 131.

ACTIVITÉS SUPPLÉMENTAIRES

Faites l'activité suivante pour améliorer l'apprentissage des enfants.

Créez une affiche à 3m de hauteur. Dessinez une ligne à 2,75m. Affichez-le au mur, ou bien placez-le au sol. Ensuite mesurez et marquez les hauteurs des enfants à l'affiche pour les comparer à l'hauteur de Goliath.

QUESTIONS D'ESSAI POUR LE CONCOURS ÉLÉMENTAIRE

Pour préparer les enfants pour le concours, lisez-les 1 Samuel 17.1-51.

1 Combien mesurait Goliath ? (17.4)

1, **Presque 3m**
2, Presque 4m
3, Presque 5m

2 Qu'est-ce que Goliath a dit aux Israélites de faire ? (17.8)

1, Rentrer chez eux
2, **Choisir un homme pour s'affronter en combat singulier**
3, Préparer pour la guerre

3 Comment se sentaient Saül et les Israélites quand ils entendaient les paroles de Goliath ? (17.11)

1, **Démoralisés et peureux**
2, Furieux et offensés
3, Divertis et paisibles

4 Qu'est-ce que Saül a dit à David au sujet de sa volonté de combattre Goliath ? (17.33)

1, « Tu ne peux pas aller lutter contre ce Philistin. »
2, « Tu n'es qu'un gamin, alors que lui, c'est un homme de guerre depuis sa jeunesse. »
3, Les deux réponses sont bonnes.

5 Comment est-ce que David a répondu à Saül au sujet de lutter Goliath ? (17.37)

1, « Je suis fort. Je n'ai pas peur de lutter. »
2, « J'ai peur, mais il faut que quelqu'un lutte. »
3, « L'Eternel qui m'a délivré de la griffe du lion et de l'ours me délivrera aussi de ce Philistin. »

6 Quelles choses a pris David à la bataille contre Goliath ? (17.40)

1, Une fronde, cinq cailloux, et un bâton
2, Un arc et une flèche
3, Une épée et un bouclier

7 Qui a dit : « Est-ce que tu me prends pour un chien pour venir contre moi avec un bâton ? » (17.43)

1, David
2, Goliath
3, Saül

8 Qu'est-ce que David a dit à Goliath avant de lancer la pierre ? (17.45-47)

1, « Je marche contre toi au nom de l'Eternel. »
2, « L'issue de cette bataille dépend de lui, et il vous livre en notre pouvoir. »
3, Les deux réponses sont bonnes.

9 Où est-ce que la pierre a atteint Goliath ? (17.49)

1, Sa poitrine
2, Sa jambe
3, Son front

10 Qu'est ce que les Philistins ont fait quand ils ont vu que Goliath était mort ? (17.51)

1, Ils chargeaient les Israélites.
2, Ils prenaient la fuite.
3, Ils criaient à leurs dieux.

QUESTIONS D'ESSAI POUR LE CONCOURS SUPÉRIEUR

Pour préparer les enfants pour le concours, lisez-les 1 Samuel 17.1-51.

1 Qui ont prit position en ordre de bataille face aux Philistins ? (17.2)

1, Les Amalécites
2, Samuel et les prêtres
3, Saül et les hommes d'Israël
4, Les Amoréens et les prêtres

2 Qu'est-ce que Goliath a dit au sujet de l'homme qui l'affrontera en combat singulier ? (17.8-9)

1, « Je le tuerai, et puis nous fêterons dans votre temple. »
2, « S'il peut me battre et qu'il me tue, alors nous vous serons assujettis. »
3, « J'ai peur de celui que vous avez choisi. »
4, Toutes les réponses sont bonnes.

3 Qu'est-ce que les soldats ont dit que le roi donnera à l'homme qui tuera Goliath ? (17.25)

1, De grandes richesses
2, Sa propre fille en mariage
3, Exemption d'impôts pour toute sa famille
4, Toutes les réponses sont bonnes.

4 Qu'est-ce qu'Eliab a dit quand il entendait David discutant avec les soldats ? (17.28)

1, « Que viens-tu faire ici ? »
2, « Je te connais bien, moi, petit prétentieux ! Je sais quelles mauvaises intentions tu as dans ton cœur ! »
3, « Tu n'es venu que pour voir la bataille ! »
4, Toutes les réponses sont bonnes.

5 Quelle est la première chose que David a dit à Saül au sujet de Goliath ? (17.32)

1, « Pourquoi n'avez-vous pas déjà tué ce Goliath ? »
2, « Que personne ne perde courage à cause de ce Philistin ! Moi, ton serviteur, j'irai et je le combattrai. »
3, « Vos armées font honte à l'Eternel. »
4, « Goliath est un ennemi méchant. Prions l'Eternel. »

6 Comment est-ce que David a répondu après Goliath l'a menacé ? (17.44-45)

1, « Je suis un guerrier puissant. »
2, « Ce jour sera ton dernier. »
3, « Je marche contre toi au nom de l'Eternel. »
4, « Tu m'approches avec des menaces, mais je n'ai pas peur. »

7 Qu'est-ce que David a dit à Goliath avant de lancer la pierre vers lui ? (17.46-49)

1, « Aujourd'hui même, l'Eternel me donnera la victoire sur toi. »
2, « Ce n'est ni par l'épée ni par la lance que l'Eternel délivre. »
3, « L'issue de cette bataille dépend de lui, et il vous livre en notre pouvoir. »
4, Toutes les réponses sont bonnes.

8 Qu'est-ce qu'il s'est passé quand David a lancé la pierre à Goliath ? (17.49-50)

1, Goliath s'est fâché, et il a courut vers David.
2, La pierre a atteint le front de Goliath, et il est mort.
3, La pierre a atteint la poitrine de Goliath, et il a hurlé.
4, La pierre a atteint l'œil de Goliath, et il ne pouvait plus voir.

9 Pourquoi ont prit les Philistins la fuite quand ils voyaient que Goliath s'est écroulé, face contre terre ? (17.49-51)

1, Ils voyaient David venant vers eux.
2, Ils se sentaient mal à l'aise d'avoir maltraité les Israélites.
3, Ils allaient prier leur dieu.
4, Ils voyaient que leur héros était mort.

10 Finissez ce verset : « Que personne ne méprise ta jeunesse ; mais sois... » (I Timothée 4.12)

1, « ... un exemple, afin que le peuple puisse regarder ta vie et savoir comment servir Dieu. »
2, « ... celui dont la vie est considérée la norme par les autres croyants. »
3, « ... un modèle pour les fidèles, en parole, en conduite, en charité, en foi, en pureté. »
4, « ... fort, et corrige tous ceux qui te contredisent. »

VERSET À RETENIR

« Ne cherchons pas une vaine gloire, en nous provoquant les uns les autres, en nous portant envie les uns aux autres. » (Galates 5.26)

VÉRITÉ BIBLIQUE

Dieu veut qu'on aime et respecte les autres et ne pas être jaloux d'eux.

CŒUR DE LA LEÇON

Avec cette étude, les enfants apprendront que Dieu garde ceux qui l'aime et lui obéit. Il ne veut pas que son peuple soit jaloux d'autres.

CONSEILS PÉDAGOGIQUES

Dites aux enfants que la jalousie fait mal aux relations. Si vous en êtes confortable, racontez des exemples des fois quand vous étiez jaloux, et expliquez comment vous avez surmonté ces sentiments. Discutez comment les enfants peuvent reconnaitre et surmonter leurs sentiments de jalousie.

COMMENTAIRE BIBLIQUE

Lisez 1 Samuel 18.1-16, 28-30 ; 19.1-18. David impressionnait Jonathan, le fils de Saül. Jonathan a donné à David son manteau, son ceinturon, et ses armes, et il a fait un pacte d'amitié avec David. Jonathan était loyal envers David. Il reconnaissait que David était le choix de Dieu d'être le prochain roi des Israélites.

Saül a envoyé David à commander son armée, et il l'a fait avec succès. Les femmes d'Israël ont chanté des éloges pour Saül et David. Leurs éloges pour David paraissaient plus grandes que ceux pour Saül, donc Saül s'est mis en colère.

Saül a compris que David était un chef d'armée de valeur. Il a reconnut aussi que David menaçait son situation comme roi. La réussite de David, ainsi que sa popularité auprès des Israélites, ont continué d'augmenter. En conséquence, Saül a essayé d'assassiner David plusieurs fois.

CARACTÉRISTIQUES DE DIEU

• Dieu garde ceux qui l'aiment et l'honorent.
• Dieu veut qu'on aime et respecte les autres et ne soit pas jaloux d'eux.

PERSONNES

• **Mikal** était la fille de Saül et la femme de David.

CHOSES

• Un **pacte d'amitié** était un accord où deux personnes font des promesses l'un à l'autre.

ACTIVITÉ

Dites : **Aujourd'hui on va apprendre encore sur Saül, Jonathan, et David. Saül était jaloux de David, et il voulait** le tuer. Mais Jonathan, le fils de Saül, aimait David, et il voulait le protéger.

Choisissez un enfant pour chaque rôle : Saül, Jonathan, et David. Instruisez les enfants qui restent de se tenir par la main, se mettre en cercle, et faire face à l'extérieur du cercle. L'enfant qui joue David restera à l'intérieur du cercle tout le temps. Les enfants qui forment le cercle protégeront David. L'enfant qui joue Saül rampera, essayant de pénétrer le cercle et de toucher David. L'enfant qui joue Jonathan restera dehors le cercle et essayera de toucher Saül avant qu'il touche David.

Le jeu terminera par une des situations suivantes : Jonathan touche Saül, ou Saül touche David. Ensuite, choisissez autres enfants à jouer les trois rôles. S'il y a assez de temps, jouez plusieurs fois jusqu'à ce que chaque enfant joue au moins un des trois rôles.

Dites : Vous avez aidé à protéger David. Aujourd'hui, on va apprendre comment Dieu aidait à protéger David de la jalousie de Saül.

LEÇON BIBLIQUE

Préparez l'histoire suivante, adaptée de 1 Samuel 18.1-16, 28-30 ; 19.1-18, avant de la raconter aux enfants.

Puisque Jonathan était le fils de Saül, il était son héritier, le dauphin. Jonathan jouissait d'une amitié très chère avec David, et les deux ont conclut un pacte d'amitié. Pour exprimer son amour pour son ami, Jonathan a donné à David son manteau, son équipement, son épée, son arc, et son ceinturon. Ces cadeaux ont symbolisé que Jonathan a cédé le royaume à David. Jonathan reconnaissait que Dieu a choisi David pour succéder Saül comme roi.

Toute chose que Saül envoyait David à faire, il le faisait avec succès. Donc, Saül lui a donné un grade supérieur dans l'armée. Après David a tué Goliath, les femmes dansaient et chantaient. Elles ont chanté : « Saül a vaincu ses milliers et David ses dizaines de milliers. » Les femmes voulaient dire que Saül et David étaient des champions comparables. Toutefois, Saül s'est rendu jaloux du fait que le peuple pensait que David était son égal. Saül s'est mis en colère à cause de cette chanson, et il était jaloux de David. Il regardait attentivement les actions de David.

Le lendemain, un mauvais esprit s'est emparé de Saül. Pendant que David jouait de son instrument, Saül a deux fois lancé sa lance à David. Mais les deux fois David a esquivé les coups. A partir de ce jour-là, Saül craignait David, car l'Eternel était avec David alors qu'il s'était retiré de lui. Bien que la vie de David fût en danger, l'Eternel était avec David, et il avait confiance que Dieu le protégerait.

C'est pourquoi Saül l'a écarté d'auprès de lui et l'a nommé commandant d'un millier d'hommes. Il espérait que David mourrait en bataille. Mais il réussissait dans tout ce qu'il entreprenait, car l'Eternel était avec lui.

Quand Saül apprenait que sa fille Mikal aimait David, il est devenu encore plus peureux de David. Jusqu'à la fin de sa vie, Saül comptait David son ennemi. Saül a ordonné a son fils Jonathan, ainsi que ses ministres, de faire mourir David. Toutefois, Jonathan a prévenu David, et l'a conseillé de se cacher.

Jonathan a dit à Saül que David était loyal au roi. David avait aidé à Saül à vaincre les Philistins, et il était innocent de tout crime. Jonathan a demandé à Saül de ne pas faire mourir David.

Saül a écouté Jonathan. Puis, il a fait ce serment : « Aussi vrai que l'Eternel est vivant, David ne sera pas mis à mort ! » Donc, Jonathan a conduit David auprès du roi.

La guerre ayant recommencé avec les Philistins, David s'est battu avec succès, les mettant en fuite devant lui. Ensuite, le mauvais esprit a tourmenté de nouveau Saül. Il a oublié son serment de ne pas blesser David. Tandis que David jouait de son instrument, Saül a essayé de le clouer contre la paroi avec sa lance.

David s'est échappé de Saül. Mikal, la femme de David, lui a dit qu'il était en danger. Elle l'a prévenu de s'enfuir ce nuit-la. Elle l'a aidé à descendre par la fenêtre, et il s'est échappé.

Ensuite Mikal a prit une idole et l'a placé dans le lit. Elle a mit un coussin en poils de chèvres à l'endroit de la tête et a recouvert le tout d'un vêtement. Lorsque les hommes envoyés par Saül pour arrêter David sont arrivés, elle leur a dit qu'il était malade. Les hommes croyaient que l'idole au lit était David.

Saül les renvoya avec l'ordre d'amener David, pour qu'il puisse le mettre à mort. Les hommes ont retourné dans la maison de David et ils ont découvert qu'il n'y avait dans le lit qu'une idole et un coussin en peau de chèvre à l'endroit de la tête.

David a fui se réfugier chez Samuel à Rama. David a raconté a Samuel toute chose que Saül lui a fait. Alors ils sont allés ensemble s'installer dans la communauté des prophètes.

Encouragez les enfants à répondre aux questions suivants. Il n'y a ni réponses correctes ni incorrectes. Ces questions aideront les enfants à comprendre l'histoire et à l'appliquer à leurs vies.

1, Enumérez quatre choses importantes qui se sont passé à David dans cette histoire. Pourquoi pensez-vous que ces choses sont arrivées à lui ?

2, Lisez 1 Samuel 18.6-9. Comment est-que Saül a réagit à la chanson des femmes ? Pourquoi a-t-il réagit ainsi ?

3, Pourquoi était Saül jaloux de David ? Qu'est-ce qu'il a fait à cause de sa jalousie ? Qu'est-ce que David avait que Saül n'avait pas ?

4, Comme fils du roi, qu'est-ce que Jonathan a sacrifié quand il a aidé David ? Pourquoi pensez-vous que Jonathan n'était pas jaloux de David ?

5, Mikal a aidé David à échapper. Elle a menti à son père et ses hommes pour aider David. Pensez-vous que sa méthode était bien ? Pourquoi ou pourquoi pas ?

Dites : Est-ce que vous avez déjà été jaloux de quelqu'un ? La jalousie est un sentiment courant. Ce qui importe à Dieu, c'est comment on réagit quand on est jaloux. Saül n'a pas bien réagi à sa jalousie de David. Saül a choisi l'haïr. Dieu veut qu'on choisi bien comment traiter les autres. Si on se rend jaloux, on doit demander à Dieu de s'aider à réagir avec gentillesse. Réagir avec gentillesse n'est pas facile, mais ceci est ce que Dieu veut qu'on fasse.

VERSET À RETENIR

Répétez le verset à retenir. Vous en trouverez des suggestions à la page 131.

ACTIVITÉS SUPPLÉMENTAIRES

Choisissez entre les idées suivantes pour améliorer l'apprentissage des enfants.

1, Jonathan et David ont conclut un pacte d'amitié. Lisez encore sur ce pacte entre eux à 1 Samuel 18.1-4, 19.1-7, 20.1-42, et 23.16-18. Qu'est-ce qu'ils ont promis de faire ? Pourquoi a Jonathan donné à David, son manteau et ses armes ? Qu'est-ce que ces pages disent à propos du caractère de Jonathan ? Qu'est-ce qu'ils disent à propos de l'amitié entre Jonathan et David ?

2, Lisez sur d'autres pactes dans la Bible. Commencez avec Genèse 9.8-17 et 15.9-18. Qui a fait ses pactes, et qu'est-ce que les personnes ont promis ? Créez un tableau. Comment est-ce que ces pactes sont comparables au pacte entre Jonathan et David ? Comment sont-ils différents ?

QUESTIONS D'ESSAI POUR LE CONCOURS ÉLÉMENTAIRE

Pour préparer les enfants pour le concours, lisez-les 1 Samuel 18.1-16, 28-30 ; 19.1-18.

1 Pourquoi n'a pas David retourné dans la maison de son père après il a tué Goliath ? (18.2)

1, David aimait la vie au palais.
2, C'était dangereux de voyager à travers le territoire philistin.
3, Saül ne l'a pas laissé retourner.

2 Qui a conclut un pacte d'amitié avec David parce qu'il l'aimait comme lui-même ? (18.3)

1, Saül
2, Samuel
3, Jonathan

3 Lorsque l'armée était revenue de la guerre, après que David a tué le Philistin, qu'est-ce que les femmes ont chanté ? (18.6-7)

1, « Quel roi puissant est notre Saül. »
2, « Saül a vaincu ses milliers et David ses dizaines de milliers. »
3, « Nous sommes enfin libres des Philistins. »

4 Comment a Saül traité David après il a entendu la chanson des femmes ? (18.8-9)

1, Il a regardé David d'un mauvais œil.
2, Il a aimé David de tout son cœur.
3, Il a oublié David.

5 Pourquoi est-ce que Saül craignait David ? (18.12)

1, Saül s'est rendu compte de ce que David a fait aux Philistins.
2, Saül a eu une vision sur David.
3, L'Eternel était avec David, mais il s'était retiré de Saül.

6 Qui aimait David ? (18.28)

1, Mikal
2, Mérab
3, Bath-Chéba

7 Quelle chose a dit Saül à Jonathan de faire à David ? (19.1)

1, L'enfermer à la prison.
2, Le préparer une fête.
3, Le faire mourir.

8 Comment a réagit Saül après il a écouté les arguments de Jonathan à propos de David ? (19.4-6)

1, Il a fait un serment de ne pas faire mourir David.
2, Il a fait un serment de faire mourir David la prochaine fois qu'il le verrait.
3, Il a pleuré, parce qu'il regrettait comment il avait traité David.

9 Apres David a prit la fuite, quel objet a placé Mikal dans le lit pour duper les hommes de Saül ? (19.12-13)

1, Une brique avec de laine d'agneau
2, Un idole avec des poils de chèvre
3, Un pot avec de l'herbe asséché

10 Finissez ce verset : « Ne cherchons pas une vaine gloire, en nous provoquant les uns les autres, … » (Galates 5.26)

1, « . . . en nous battant contre nos frères et sœurs. »

2, « . . . en nous portant envie les uns aux autres. »

3, « . . . en nous agaçant ceux autour de nous. »

QUESTIONS D'ESSAI POUR LE CONCOURS SUPÉRIEUR

Pour préparer les enfants pour le concours, lisez-les 1 Samuel 18.1-16, 28-30 ; 19.1-18.

1 Qui a conclut un pacte d'amitié avec David parce qu'il l'aimait comme lui-même ? (18.3)

1, L'Eternel

2, Le roi Saül

3, Jonathan

4, Samuel

2 Qu'est-ce que Jonathan a donné à David ? (18.4)

1, Son manteau

2, Son épée

3, Son arc et son ceinturon

4, Toutes les réponses sont bonnes.

3 Pourquoi est-ce que Saül a confié à David le commandement de ses troupes de choc ? (18.5)

1, David avait demandé ce commandement.

2, David a accomplit chaque mission avec succès.

3, Saül voulait que David n'aie pas de succès.

4, Saül était fier de David.

4 Qu'est-ce que Saül a fait quand un mauvais esprit envoyé par Dieu s'est emparé de lui ? (18.10-11)

1, Il a demandé à Samuel de prier pour lui.

2, Il a lancé son lance et a essayé de clouer David contre la paroi.

3, Il a crié avec douleur.

4, Il a expédié David.

5 Pourquoi est-ce que tout Israël et tout Juda aimaient David ? (18.16)

1, Il savait chanter et jouer de la lyre.

2, Il a tué tous les Philistins.

3, Il marchait à la tête de leurs soldats dans les expéditions militaires.

4, Il était un beau jeune homme.

6 Apres Saül lui a dit de faire mourir David, qu'est-ce que Jonathan a dit à David ? (19.1-3)

1, Mon père Saül cherche à te faire mourir.

2, Ne te montre pas, tiens-toi caché !

3, Je parlerai de toi à mon père, je verrai ce qu'il en est et je te le ferai savoir.

4, Toutes les réponses sont bonnes.

7 Quand la guerre a recommencé, qui a David attaqué et leur infligé une grande défaite, les mettant en fuite devant lui ? (19.8)

1, Les soldats de Saül

2, Les Israélites

3, Les Philistins

4, Les Amoriens

8 Qu'est-ce que Mikal a fait quand les hommes de Saül sont venus chercher David ? (19.11-13)

1, Elle a prévenu son mari.

2, Elle l'a aidé à descendre par la fenêtre.

3, Elle a placé une idole dans son lit avec un coussin en poils de chèvre.

4, Toutes les réponses sont bonnes.

9 Qu'est-ce que Mikal a dit aux hommes de Saül lorsqu'ils sont arrivés arrêter David ? (19.14)

1, « Il est malade. »

2, « Il s'est échappé. »

3, « Il voyage. »

4, « Il se cache. »

10 Apres Mikal lui a aidé à échapper de Saül, chez qui est allé David se refugier ? (19.18)

1, Jonathan

2, Ses frères

3, Samuel

4, Isaï

VERSET À RETENIR

« L'Éternel est bon, Il est un refuge au jour de la détresse ; Il connaît ceux qui se confient en lui. » (Nahum 1.7)

VÉRITÉ BIBLIQUE

Dieu encourage son peuple au jour de la détresse.

CŒUR DE LA LEÇON

Avec cette étude, les enfants apprendront qu'on peut aller à Dieu pour son aide dans toute situation. Dieu n'enlèvera peut-être pas le problème, mais il est toujours avec nous. Dieu donnera ses conseils quand on lui demande de l'aide.

CONSEILS PÉDAGOGIQUES

Il y a beaucoup de choses qui font peur aux enfants : la guerre, la violence, le temps rigoureux, la séparation, et la mort. Dites aux enfants que la peur est un sentiment courant. Toutefois, Dieu sera avec eux au jour de la détresse. Il n'enlèvera peut-être pas le problème, mais on peut faire confiance qu'il sera avec l'on dans la situation. Dieu veut qu'on fasse le choix de lui faire confiance au lieu d'avoir peur.

COMMENTAIRE BIBLIQUE

David a fui Saül quand Jonathan lui a affirmé que Saül voulait le faire mourir. David est arrivé à Nob, et il a reçu du pain d'Ahimélek le prêtre. Celui a donné à David du pain consacré ainsi que l'épée de Goliath. L'épée a encouragé David et lui a rappelé que la présence de l'Eternel l'accompagnera tous les jours dangereux.

Doëg l'Edomite était loyal envers Saül. Il a dit à Saül que David a fui à Nob, et qu'Ahimélek lui a donné du pain et une épée. Saül a mandé Ahimélek et sa famille. Il lui a demandé pourquoi il avait aidé David et ses hommes. Ahimélek a rappelé à Saül la fidélité de David. Il a aussi dit qu'il était innocent, parce qu'il ignorait l'existence du conflit entre Saül et David.

Saül refusait d'écouter Ahimélek. Il a ordonné à ses gardes de faire mourir Ahimélek ainsi que toute sa famille. Les gardes refusaient de faire mourir Ahimélek et les autres prêtres. Les Israélites croyaient qu'attaquer les prêtres de Dieu égalait attaquer Dieu. La seule personne qui acceptait les faire mourir était Doëg l'Edomite.

Lorsque David était à Horecha, il apprenait que Saül s'était mis en campagne pour lui ôter la vie. Jonathan est allé à Horecha pour l'encourager. Jonathan réaffirmait que David serait le prochain roi, et Jonathan le servirait. Tous deux renouvelaient leur pacte d'amitié devant l'Eternel.

Les actions de Saül à Nob montraient qu'il ferait mourir toute personne qui lui opposait, même les prêtres de Dieu.

Les actions de Jonathan envers David montraient que son cœur était fidele à Dieu. Jonathan acceptait que David fût le choix de Dieu pour le prochain roi.

CARACTÉRISTIQUES DE DIEU

• Dieu est notre espoir au jour de la détresse.

- Dieu nous guidera quand nous lui demandons de l'aide.

PERSONNES

- **Ahimélek** était le grand prêtre qui a aidé David quand il a fui Saül.
- **Doëg l'Edomite** était le chef des bergers de Saül. Les Edomites étaient des ennemis d'Israël.

ENDROITS

- **Nob** était une ville de prêtres, située à peu près 4km de Jérusalem.
- **Le désert de Ziph** était la région désertique autour de la ville de Ziph, à l'ouest de la mer Morte.
- **Horecha** se trouvait au désert de Ziph. David s'y est caché.

CHOSES

- **Le pain consacré** étaient des pains, cuits chaque jour et exposés devant l'Eternel au temple. Normalement les prêtres en mangeaient quand ils les remplaçaient le lendemain.
- **Consulter Dieu** voulait dire chercher les conseils de Dieu à travers des méthodes variées.

ACTIVITÉ

Vous aurez besoin des choses suivantes pour cette activité :

- Un parcours d'obstacles simple
- Un bandeau

Installez un parcours d'obstacles simple dans la salle de classe ou bien dehors. Le parcours peut-être demandera aux enfants de faire les choses suivantes : passer par-dessous un bureau ; se faufiler entre des chaises ou des arbres ; sauter par-dessus un livre ou un rondin ; ou passer à travers un cours de recréation.

Mettez les enfants en paires. Un enfant de chaque paire mettra un bandeau, et l'autre sera le guide. Le guide utilisera sa voix pour mener l'enfant aux yeux bandés à travers les obstacles. Le guide ne peut pas le toucher.

Une paire à la fois, envoyez les enfants au parcours d'obstacles.

Dites : **Vous ne pouviez pas vous naviguer à travers le parcours d'obstacles sans l'aide du guide. Sans guide, on tomberait, trébucherait, ou se blesserait. Tout au long de nos études bibliques, nous avons appris que Saül n'a pas demandé les conseils de Dieu pour ses choix. Donc, Dieu ne l'a pas aidé. Aujourd'hui on va apprendre que David demandait les conseils de Dieu quand il avait des ennuis. Dieu a guidé David, et il lui a protégé de Saül.**

LEÇON BIBLIQUE

Préparez l'histoire suivante, adaptée de 1 Samuel 21.1-9 ; 22.6-23 ; 23.14-18, avant de la raconter aux enfants.

David est allé à Nob parler à Ahimélek, le prêtre. David lui a dit que Saül l'avait chargé d'une mission. David lui a demandé cinq pains. Ahimélek a répondu qu'il n'avait pas de pain ordinaire. Il n'avait que pain consacré. Ainsi le prêtre a donné à David le pain consacré.

David a aussi demandé à Ahimélek une lance où une épée. La seule épée disponible était l'épée de Goliath. Ahimélek l'a donné à David.

Un serviteur de Saül, Doëg l'Edomite, était à Nob ce jour-la. Il a vu Ahimélek comme il donnait le pain et l'épée de Goliath à David.

Saül pensait que quelques Israélites savaient ou se cachait David. Doëg l'Edomite a dit à Saül qu'il avait vu David avec Ahimélek, et qu'Ahimélek avait aidé David.

Saül a mandé Ahimélek et toute sa famille. Saül lui a demandé pourquoi il avait comploté contre lui. Il l'a accusé de donner du pain et une épée à David. Saül l'a aussi accusé de consulter Dieu pour David.

Ahimélek a répondu que ce n'était pas la première fois qu'il a consulté Dieu pour David. Ahimélek a demandé à Saül de ne pas l'accuser, lui ni sa famille. Ahimélek a expliqué qu'il croyait que David était chargé d'une mission pour Saül.

Mais le roi a dit : « Ahimélek, tu mourras, toi et tout ton groupe familial, c'est décidé. » Saül a ordonné à ses gardes de faire mourir les prêtres, mais les gardes en refusaient. Puis Saül a ordonné à Doëg l'Edomite de les faire mourir. Donc, Doëg l'Edomite a tué quatre-vingt-cinq prêtres ainsi que les hommes, les femmes, les enfants, les nourrissons, les ânes, les bœufs, et les brebis à Nob. Mais Abiatar, le fils d'Ahimélek, s'est échappé, et il a fui rejoindre David.

Abiatar a raconté à David que Saül a fait mourir les prêtres à Nob. David se sentait responsable pour la mort de la famille entière d'Abiatar. Il a demandé à Abiatar de rester avec lui, parce qu'Abiatar sera en sécurité avec David.

David restait aux collines du désert de Ziph. Il trouvait des refuges escarpés de la montagne, de bonnes cachettes pour lui et ses hommes. Jour après jour Saül le cherchait, mais Dieu ne le faisait pas tomber entre ses mains.

Jonathan est allé à David à Horecha, et il affermissait sa confiance en Dieu. Jonathan lui a dit que Saül ne réussirait pas à lui faire mourir. Tous deux renouvelaient leur pacte d'amitié devant l'Eternel.

Encouragez les enfants à répondre aux questions suivants. Il n'y a ni réponses correctes ni incorrectes. Ces questions aideront les enfants à comprendre l'histoire et à l'appliquer à leurs vies.

1, Quelle raison a donné David d'avoir venu à Nob ? Pourquoi pensez-vous qu'il a menti à Ahimélek ?

2, A 1 Samuel 22.22, David a vu Doëg l'Edomite à Nob. Comment pensez-vous que David se sentait quand il a vu ce serviteur de Saül ? Comment réagiriez-vous si vous étiez David ?

3, Comment est-ce que le verset à retenir, Nahum 1.7, se rapporte à cette étude ?

Dites : Tout le monde a peur au jour de la détresse. Tout le monde craigne quelque-chose. Qu'est-ce qui vous fait peur ? Qu'est-ce que vous pouvez faire quand vous avez peur ? Apres les enfants répondent à la question, si personne n'en a fait mention, dites : Vous pouvez prier Dieu.

David avait peur quand il fuyait Saül. David faisait confiance à Dieu de l'aider. Dieu aide son peuple au jour de la détresse. Dieu donnera ses conseils si l'on lui demande de l'aide. Il sera avec vous.

VERSET À RETENIR

Répétez le verset à retenir. Vous en trouverez des suggestions à la page 131.

ACTIVITÉS SUPPLÉMENTAIRES

Choisissez entre les idées suivantes pour améliorer l'apprentissage des enfants.

1, Enumérez des façons dont on peut chercher des conseils de Dieu. Quelques réponses possibles sont : la prière, lire l'Ecriture, la prédication ainsi que les leçons bibliques, et les conseils des personnes pieux. Fournissez des matériaux afin que les enfants puissent créer une affiche sur ce thème.

2, Lisez 1 Samuel 19.4-6 et 22.14. Comparez comment Jonathan et Ahimélek ont défendu David. **Qu'est-ce qui s'est passé à Jonathan quand il a défendu David ? Qu'est-ce qui s'est passé à Ahimélek quand il l'a fait ?**

QUESTIONS D'ESSAI POUR LE CONCOURS ÉLÉMENTAIRE

Pour préparer les enfants pour le concours, lisez-les 1 Samuel 21.1-9 ; 22.6-23 ; 23.14-18.

1 Qu'est-ce que David a demandé qu'Ahimélek le prêtre lui donne ? (21.3)

1, Une bénédiction
2, Cinq pains
3, Une carte

2 Lequel des fonctionnaires de Saül était à Nob le jour ou David a rencontré Ahimélek ? (21.7)

1, Doëg l'Edomite
2, Ahitoub
3, Abiatar

3 Qu'est-ce que David a dit de l'épée qu'Ahimélek lui a donné ? (21.9)

1, « Je me souviens bien ce qui s'est passé ce jour-la. »
2, « Si c'est la seule épée que vous avez, je le prendrai. »
3, « Donne-la moi, elle est sans pareille. »

4 Qui a dit à Saül que David était à Nob avec Ahimélek ? (22.9)

1, Doëg l'Edomite
2, Le chef de l'armée de Saül
3, Jonathan

5 Qu'est-ce qu'Ahimélek a dit quand Saül l'a accusé d'aider David ? (22.15)

1, « Permettez-moi de vous raconter le tout que je sais, parce que je suis le serviteur du roi. »
2, « Que le roi ne mette pas sur mon compte ni sur celui d'aucun membre de mon groupe familial une telle chose, car ton serviteur ignorait absolument tout de cette affaire. »
3, « Je ne vous dirai rien. Seul l'Eternel vous jugera. »

6 Qu'est-ce que Saül a ordonné à ses gardes de faire aux prêtres de Nob ? (22.17)

1, Les laisser partir
2, Les mettre tous à mort
3, Mettre à mort seulement Ahimélek

7 Qui est-ce que Doëg l'Edomite a mit à mort ? (22.18-19)

1, Quatre-vingt-cinq hommes portant le vêtement sacerdotal
2, Tous les habitants de Nob, ainsi que beaucoup d'animaux
3, Les deux réponses sont bonnes.

8 Apres Abiatar a annoncé à David que Saül avait fait tuer les prêtres, qu'est-ce que David lui a dit ? (22.22-23)

1, « Reste avec moi et ne crains rien. »
2, « Nous avons un ennemi commun, toi et moi, qui en veut à notre vie, mais auprès de moi tu seras en sécurité. »
3, Les deux réponses sont bonnes.

9 Pourquoi est-ce que Saül n'arrivait pas à trouver David quand il s'installait à la région désertique de Ziph ? (23.14)

1, Dieu ne le faisait pas tomber entre ses mains.

2, Saül ne cherchait pas aux bons endroits.

3, David se cachait parmi les rochers.

10 Qui s'est rendu auprès de David à Horecha pour l'encourager en affermissant sa confiance en Dieu ? » (23.16)

1, Mikal

2, Jonathan

3, Samuel

QUESTIONS D'ESSAI POUR LE CONCOURS SUPÉRIEUR

Pour préparer les enfants pour le concours, lisez-les 1 Samuel 21.1-9 ; 22.6-23 ; 23.14-18.

1 Qu'est-ce David a dit à Ahimélek quand il s'est rendu à Nob ? (21.2-4)

1, « Le roi m'a chargé d'une mission. »

2, « J'ai donné rendez-vous à mes hommes à un certain endroit. »

3, « Peux-tu me donner cinq pains ou quelque chose d'autre ? »

4, Toutes les réponses sont bonnes.

2 David a emprunté d'Ahimélek l'épée de qui ? (21.9)

1, L'épée de Goliath

2, L'épée de Saül

3, L'épée de Samuel

4, L'épée de Jonathan

3 A Guibea, Saül a accusé ses familiers d'avoir fait quoi ? (22.8)

1, Comploter contre lui

2, Ne pas lui avertir que Jonathan a conclut un pacte avec David

3, Ne pas se soucier de lui

4, Toutes les réponses sont bonnes.

4 Apres Doëg l'Edomite lui a dit qu'Ahimélek a aidé David, qu'est-ce que Saül a fait ? (22.10-11)

1, Il a envoyé chercher le prêtre Ahimélek ainsi que tous membres de son groupe familial.

2, Il a lancé sa lance vers Doëg l'Edomite.

3, Il a ordonné ses hommes à rentrer chez eux.

4, Toutes les réponses sont bonnes.

5 Selon Saül, qu'est-ce qui se passera à Ahimélek et tout son groupe familial ? (22.16)

1, Ils seront honorés chez Saül.

2, Ils deviendront les esclaves de Saül.

3, Ils mourront.

4, Ils seront bien récompensés.

6 Qui refusait l'ordre de Saül de mettre à mort les prêtres ? (22.17)

1, Doëg l'Edomite

2, Les gardes de Saül

3, David

4, Jonathan

7 Qui a annoncé à David le massacre des prêtres ? (22.20)

1, Abiatar, fils d'Ahimélek

2, Ahitoub, fils d'Abiatar

3, Ahimélek, fils d'Ahitoub

4, Jonathan, fils de Saül

8 Qu'est-ce que David a dit à Abiatar ? (22.22-23)

1, « Je m'étais bien douté, l'autre jour, que Doëg l'Edomite ne manquerait pas d'informer Saül de tout ce qui s'est passé. »

2, « C'est donc moi qui suis la cause de la mort de toutes les personnes de ton groupe familial. »

3, « Auprès de moi tu seras en sécurité. »

4, Toutes les réponses sont bonnes.

9 Qu'est-ce que Jonathan a fait pour David à Horecha ? (23.16)

1, L'apportait de la nourriture

2, L'encourageait en affermissant sa confiance en Dieu

3, Le conseillait comment s'échapper

4, Le donnait un chariot

10 Finissez ce verset : « L'Éternel est bon, Il est un refuge ... » (Nahum 1.7)

1, « . . . aux eaux troubles ; Il vous guidera à travers les tempêtes. »

2, « . . . au jour de la détresse ; Il connaît ceux qui se confient en lui. »

3, « . . . aux moments difficiles ; Il rachète ceux qui se confient en lui. »

4, « . . . aux tous temps ; Il met les enfants sous les ailes. »

VERSET À RETENIR

« Ne te laisse pas vaincre par le mal, mais surmonte le mal par le bien. » (Romains 12.21)

VÉRITÉ BIBLIQUE

Dieu veut qu'on respecte ceux en autorité même quand on n'est pas d'accord avec eux.

CŒUR DE LA LEÇON

Avec cette étude, les enfants apprendront que Dieu ne veut pas qu'on se venge sur ses ennemis. Dieu veut qu'on respecte ceux en autorité.

CONSEILS PÉDAGOGIQUES

Faites rappel aux enfants que Dieu ne demandera jamais à son peuple de violer ses principes. David avait l'occasion de tuer Saül et devenir roi, mais il refusait de tuer un roi choisi par Dieu. Il attendait que Dieu ressoude le problème.

COMMENTAIRE BIBLIQUE

Lisez 1 Samuel 24.1-23. Quelqu'un a dit à Saül que David était au désert d'Eyn-Guédi. Saül y est allé chercher David. Saül est entré une grotte où se cachait David, mais il ne savait pas que David était là.

David approchait Saül à pas de loup, et il a coupé un pan du manteau de Saül sans que celui-ci s'en aperçoive. Quelques hommes avec David croyaient qu'il devrait tuer Saül, mais David refusait de le faire. Il leur disait qu'il ne tuera pas celui qui a été oint comme roi, choisi par Dieu.

David est sorti de la grotte et a appelé Saül. David s'est incliné respectueusement devant son roi. David lui a dit qu'il ne doit pas écouter ceux qui lui disent que David cherche à le nuire. David a montré Saül le pan de son manteau. Quand Saül reconnaissait le pan que tenait David à la main, il savait que David ne projetait pas le tuer.

Quand David épargnait Saül, David montrait honneur à Dieu. Il se comportait avec piété quand il honorait Saül, son chef, même en plein conflit avec lui. Saül s'est rendu compte que Dieu avait choisi David d'être le prochain roi d'Israël.

CARACTÉRISTIQUES DE DIEU

• Dieu ne veut pas qu'on se venge sur autres personnes.

• Dieu veut qu'on respecte ceux en autorité.

PAROLES DE NOTRE FOI

• **Vertueux** veut dire avant des bonnes relations avec Dieu, et vivant tel que les pensées, les paroles, et les actions plaisent à Dieu.

PERSONNES

- **Celui à qui l'Eternel a conféré l'onction** est une personne sélectionnée par Dieu. Saül avait été oint par Dieu comme roi.
- Les **descendants** sont les enfants d'une personne, ainsi que ses petits-enfants, ses arrière-petits-enfants, etc.

ENDROITS

- Le **Rocher des Bouquetins** est un escarpement rocailleux au désert d'Eyn-Guédi.

CHOSES

- Un **serment** est une promesse ou un vœu.
- **Se prosterner** veut dire s'allonger visage contre terre. David se prosternait, et cet acte montrait de l'honneur à Saül.

ACTIVITÉ

Pour cette activité, vous aurez besoin des choses suivantes :

- Un tissu
- Des ciseaux

Avant l'arrivée des enfants, découpez un petit morceau de tissu pour chaque enfant. Choisissez un endroit pour jouer à cache-cache.

Mettez les morceaux de tissu en tas ou dans un récipient au lieu central. Choisissez un autre lieu comme base de départ.

Dites : **On va jouer à cache-cache.** Choisissez un enfant pour chercher. Les autres se cacheront. Le but pour ceux qui se cachent est de retourner à la base de départ en sécurité avec un morceau de tissu. Le chercheur comptera lentement jusqu'à vingt pendant que les autres enfants se cachent. Le chercheur cherchera les autres enfants. Le chercheur n'est pas permis de garder ni les morceaux de tissu ni la base de départ.

Si le chercheur trouve un autre enfant, le chercheur essayera de le toucher. Celui qui est touché sort le jeu. Quand tous les enfants retournent à la base de départ ou sont touché, le jeu est fini. S'il y a du temps, jouez encore avec un nouveau chercheur.

Dites : Aujourd'hui, on va apprendre l'histoire de quelqu'un qui se cachait. Il a coupé un pan du manteau d'une autre personne.

LEÇON BIBLIQUE

Préparez l'histoire suivante, adaptée de 1 Samuel 24.1-23, avant de la raconter aux enfants.

Saül apprenait que David était au désert d'Eyn-Guédi. Donc il a pris trois milliers d'hommes d'élite, et ils sont allés chercher David et ses hommes près du Rocher des Bouquetins.

En cours de route, Saül arrêtait à une grotte pour faire une pause. David et ses hommes se tenaient précisément au fond de cette grotte. Pendant que Saül satisfait son besoin naturel, David et ses hommes l'ont découvert.

Les hommes de David lui ont dit : « Voici le moment annoncé par l'Eternel lorsqu'il t'a promis de te livrer ton ennemi pour que tu le traites comme bon te semble. » Ses hommes voyaient que c'était l'occasion pour David d'attaquer Saül quand il était vulnérable.

Alors David approchait Saül à pas de loup, inaperçu, et il a coupé un pan du manteau de Saül. Tout de suite après, il se sentait coupable de l'avoir fait. Il a dit à ses hommes : « Que l'Eternel me garde de jamais faire une chose pareille et de porter la main sur mon seigneur à qui Dieu a conféré l'onction. »

David respectait Dieu et aussi l'homme que Dieu avait choisi comme le premier roi d'Israël. A cause de cela, il n'a pas blessé Saül. David a réprimandé ses hommes, et il refusait de les laisser attaquer Saül. Apres un peu de temps, Saül sortait de la grotte.

Ensuite David sortait de la grotte, et il appelait Saül : « Mon seigneur le roi ! » David s'est prosterné devant Saül. David a quitté son emplacement de sécurité et approchait Saül. Il a montré sa loyauté complète à Saül quand il s'est humilié devant son roi.

David a dit à Saül : « Pourquoi écoutes-tu ceux qui te disent que je cherche à te nuire ? Aujourd'hui même, tu vois de tes yeux que l'Eternel t'avait livré en mon pouvoir dans la grotte. J'avais l'occasion de te blesser. On me disait de te tuer, mais je t'ai épargné et j'ai dit : 'Je ne porterai pas la main sur mon seigneur, car il a reçu l'onction de la part de l'Eternel.' »

Quand David a fini de parler ainsi à Saül, celui-ci lui a dit : « Est-ce bien toi qui me parles, mon fils David ? » Et il s'est mis à pleurer à chaudes larmes.

Saül a dit à David : « Tu es plus juste que moi, tu m'as traité avec bonté, alors que moi je t'ai fait du mal. Que l'Eternel te récompense pour ce que tu as fait pour moi en ce jour ! Maintenant, tu vois, je sais que tu seras certainement roi un jour. A présent, jure-moi seulement par l'Eternel que tu n'extermineras pas mes descendants après ma mort. »

Alors David l'a promit par serment à Saül. Saül a retourné chez lui, tandis que David et ses compagnons regagnaient leur refuge dans la montagne. David n'a pas retourné sous l'autorité de Saül. Il attendait le bon moment pour retourner comme le prochain roi d'Israël.

Encouragez les enfants à répondre aux questions suivants. Il n'y a ni réponses correctes ni incorrectes. Ces questions aideront les enfants à comprendre l'histoire et à l'appliquer à leurs vies.

1, Si vous étiez David, qu'est-ce que vous feriez si vous aviez l'occasion de blesser Saül ?

2, Les hommes de David lui ont dit que Dieu avait promis de le livrer Saül. La Bible ne dit pas que Dieu avait promit ainsi. Pourquoi pensez-vous que les hommes l'avaient dit à David ?

3, Quelles choses ont influencé la décision de David de ne pas blesser Saül ? Comment se sentait David après avoir coupé le pan du manteau de Saül ? Pourquoi pensez-vous qu'il se sentait ainsi ?

4, Comment est-ce que Saül a répondu quand David lui a montré le pan de son manteau ? Comment répondriez-vous à la place de Saül ?

5, Pensez-vous qu'il serait facile d'obéir quelqu'un en autorité qui vous a maltraité ? Que feriez-vous ?

Dites : Une personne en autorité est une personne avec de la pouvoir. Pourquoi est-il important de respecter ceux en autorité ? Qu'est-ce qui peut se passer si on ne les respecte pas ? On peut être en désaccorde avec eux, mais Dieu veut qu'on les respecte.

VERSET À RETENIR

Répétez le verset à retenir. Vous en trouverez des suggestions à la page 131.

ACTIVITÉS SUPPLÉMENTAIRES

Choisissez entre les idées suivantes pour améliorer l'apprentissage des enfants.

1, Lisez ces pages sur l'autorité : Romains 13.1-7 ; Hébreux 13.7 ; Mathieu 22.15-22 ; Daniel 6.1-28. Demandez : Pourquoi est-ce que Dieu nous ordonne de respecter ceux en autorité ? Comment est-ce qu'on peut montrer du respect pour eux ? Qu'est-ce qui se passera si l'on les désobéit ? Est-ce que Dieu a jamais demandé quelqu'un à désobéir ceux en autorité ? Pourquoi est-ce que Daniel les a désobéit ?

2, Créez une chronologie des relations entre David et Saül. Dessinez des symboles des moments de la tension et les moments de la paix entre eux.

QUESTIONS D'ESSAI POUR LE CONCOURS ÉLÉMENTAIRE

Pour préparer les enfants pour le concours, lisez-les 1 Samuel 24.1-23.

1 Qui est entré la grotte où se cachaient David et ses hommes ? (24.4)

1, **Saül**

2, Jonathan

3, Samuel

2 Que faisait David à Saül dans la grotte ? (24.5)

1, Il embrassait Saül.

2, **Il a coupé un pan du manteau de Saül.**

3, Il a frappé Saül.

3 Pendant qu'ils se cachaient dans la grotte, David n'a pas permis ses hommes de faire quelle chose ? (24.8)

1, **Attaquer Saül**

2, Quitter la grotte

3, Rejoindre Saül

4 Apres Saül est sorti de la grotte, quelle était la première chose que David lui a dit ? (24.9)

1, « Tu as maltraité ton serviteur ! »

2, « Maintenant, je vais t'attaquer ! »

3, **« Mon seigneur, le roi ! »**

5 Apres Saül est sorti de la grotte, quelle chose lui a montré David ? (24.12)

1, Une fleur

2, **Un pan du manteau de Saül**

3, Un couteau

6 Qu'est-ce que Saül a fait après David lui a parlé hors de la grotte ? (24.17)

1, **Il pleurait à chaudes larmes.**

2, Il maudissait son nom.

3, Il priait.

7 Qui a dit : « Tu m'as traité avec bonté, alors que moi je t'ai fait du mal » ? (24.18)

1, **Saül**

2, David

3, Samuel

8 Selon Saül, qui sera le prochain roi d'Israël ? (24.21)

1, Salomon

2, **David**

3, Jonathan

9 Quelle chose a promit David par serment à Saül ? (24.22-23)

1, **David n'extermineras pas les descendants de Saül et il ne cherchera pas à faire disparaître son nom.**

2, David ne se battra pas contre Saül.

3, David restera loin de Saül.

10 Apres il a prêté serment à Saül, ou sont allés David et ses hommes ? (24.23)

1, A la maison de David

2, **A leur refuge dans la montagne**

3, A la grotte

QUESTIONS D'ESSAI POUR LE CONCOURS SUPÉRIEUR

Pour préparer les enfants pour le concours, lisez-les 1 Samuel 24.1-23.

1 Quand David était au désert d'Eyn-Guédi, où est-ce que Saül le cherchait ? (24.2-3)

1, La Vallée des Brebis Perdues
2, Le Rocher des Bouquetins
3, La Crête du Loup Solitaire
4, Le Pic du Léon Lâche

2 Quand ils ont découvert que Saül était dans la grotte, qu'est-ce que les hommes de David lui ont dit ? (24.5)

1, « Ne sois pas bête. »
2, « Sois fort. L'Eternel sera avec toi. »
3, « Tais-toi ! Il va t'écouter. »
4, « Voici le moment annoncé par l'Eternel lorsqu'il t'a promis de te livrer ton ennemi. »

3 Qu'est-ce que David a expérimenté après il a coupé le manteau de Saül ? (24.6)

1, Il commençait à transpirer.
2, Ses jambes tremblaient.
3, Il avait mal au ventre.
4, Son cœur se mettait à battre très fort.

4 Apres il a coupé le manteau de Saül, qu'est-ce que David a dit à ses hommes ? (24.7)

1, « Que l'Eternel me garde de jamais faire une chose pareille et de porter la main sur mon seigneur. »
2, « L'Eternel m'a livré mon ennemi aujourd'hui. »
3, « La volonté de l'Eternel soit faite. »
4, « Je suis étonné qu'il ne m'a pas vu. L'Eternel m'a protégé. »

5 Apres David est sorti de la grotte et a appelé Saül, quelle chose a fait David ? (24.9)

1, David a pleuré à chaudes larmes.
2, David s'est incliné respectueusement, le visage contre terre, et s'est prosterné.
3, David a promis de servir Saül tout le long de sa vie.
4, David a promis de servir l'Eternel tout le long de sa vie.

6 Apres David est sorti de la grotte, qu'est-ce qu'il a dit à Saül ? (24.10-12)

1, « Pourquoi écoutes-tu ceux qui te disent que je cherche à te nuire ? »
2, « J'ai dit : 'Je ne porterai pas la main sur mon seigneur, car il a reçu l'onction de la part de l'Eternel.' »
3, « J'ai coupé le pan de ton manteau et je ne t'ai pas tué. »
4, Toutes les réponses sont bonnes.

7 Selon David, qui fera Saül payer le mal qu'il a fait David ? (24.13)

1, David
2, L'Eternel
3, Les hommes de David
4, Jonathan

8 **Quel vieux proverbe a cité David à Saül ? (24.14)**

1, « Du méchant vient la méchanceté. »

2, « Argent fait rage, amour mariage. »

3, « Un malheur ne vient jamais seul. »

4, « C'est la poule qui chante qui a fait l'œuf. »

9 **Qui a dit : « L'Eternel m'avait livré en ton pouvoir et tu ne m'as pas tué. » ? (24.19)**

1, Saül

2, David

3, Le capitaine de Saül

4, Le capitaine de David

10 **Finissez ce verset : « Ne te laisse pas vaincre par ... » (Romains 12.21)**

1, « . . . les choses de ce monde, mais évites toujours le mal. »

2, « . . . la joie, mais écartes ta bonheur afin que tu puisses rester fort. »

3, « . . . les mauvaises choses, mais dépasses-les avec la puissance de ta foi. »

4, « . . . le mal, mais surmonte le mal par le bien. »

ÉTUDE 15

1 SAMUEL 25.1-42

VERSET À RETENIR

« S'il est possible, autant que cela dépend de vous, soyez en paix avec tous les hommes » (Romains 12.18).

VÉRITÉ BIBLIQUE

Dieu veut que nous soyons des pacificateurs.

CŒUR DE LA LEÇON

Avec cette étude, les enfants apprendront que Dieu nous encourage à être des pacificateurs. Nous pouvons aider les autres quand ils font face aux situations difficiles. Nous pouvons chercher la sagesse de Dieu quand nous les aidons à faire la paix.

CONSEILS PÉDAGOGIQUES

Comme les enfants se rapportent aux amis et membres de leurs familles, ils auront les occasions d'aider les autres à résoudre des problèmes. Encouragez les enfants de chercher les conseils de Dieu quand ils aident les autres à faire la paix. Dieu veut que nous soyons des pacificateurs avec son aide. Il y a des problèmes que les enfants ne peuvent pas résoudre. Toutefois, les enfants peuvent prier que Dieu aide ces personnes.

COMMENTAIRE BIBLIQUE

Lisez 1 Samuel 25.1-42. David a envoyé des messagers à Nabal, un homme riche, pour lui demander de la nourriture et autres provisions pour David et ses hommes. David avait été gentil et avait protégé les bergers de Nabal pendant qu'il était à Karmel. David croyait que Nabal satisfera sa demande. Bien qu'il était la période de tondre les brebis, il y avait normalement une abondance de la nourriture et autres provisions.

Nabal a refusé la demande de David. Nabal montrait qu'il était ingrat, avide, et désobéissant aux ordres de Dieu concernant l'hospitalité. Nabal ne respectait pas David comme celui à qui l'Eternel a conféré l'onction. Quand David a reçu la nouvelle de Nabal, il a préparé de mettre à mort tous les hommes de la maison de Nabal.

La femme de Nabal, Abigaïl, n'était pas comme son mari. Abigaïl était sage, polie, et généreuse. Abigaïl a apporté des cadeaux à David, et a demandé à David de pardonner son mari. David a accepté les cadeaux d'Abigaïl, et il l'a bénit parce qu'elle l'avait empêché de commettre une péché grave. David et Abigaïl acceptaient de mettre la situation aux mains de Dieu. Nabal est mort, et Abigaïl est devenue la femme de David. Les actions d'Abigaïl comme pacificatrice ont entrainé les bénédictions de Dieu.

CARACTÉRISTIQUES DE DIEU

- Dieu veut que nous soyons des pacificateurs.
- Dieu bénit ceux qui montrent de la gentillesse aux autres.

PERSONNES

- **Nabal** était un propriétaire riche de brebis.

- **Abigaïl** était la veuve de Nabal. Elle est devenue la femme de David.

ENDROITS

- **Rama** était le lieu de naissance de Samuel, ainsi que sa résidence et son lieu de sépulture.
- **Maôn** était une ville de Juda qui se situait près de Karmel.
- **Karmel** était une ville à peu près 21km à l'ouest de la mer Morte.

ACTIVITÉ

Dites : Un pacificateur est une personne qui aide les autres a résoudre leurs désaccords. Abigaïl était une pacificatrice entre David et sa famille. Aujourd'hui on va apprendre sur des pacificateurs.

Encouragez les enfants d'énumérer quelques problèmes dont ils font face chez des amis ou chez leurs familles. Par exemple : Un ami fait circuler un rumeur de toi. Ton ami préféré se fâche contre toi parce que tu passe de temps avec un nouveau camarade de classe.

Demandez aux enfants de participer au jeu de rôle avec les scenarios variés. Tout ensemble, la classe déterminera comment un enfant pourrait faire la paix. Discutez des moyens de faire la paix. Mettez l'accent sur l'idée qu'il y a des problèmes trop difficiles à résoudre sans l'aide d'un adulte. Suggérez des exemples des occasions dont ils doivent demander l'aide d'un adulte.

LEÇON BIBLIQUE

Préparez l'histoire suivante, adaptée de 1 Samuel 25.1-42, avant de la raconter aux enfants.

Samuel est mort, et tout Israël s'est rassemblé pour célébrer son deuil. On l'a enterré chez lui à Rama.

Ensuite David s'installait au désert de Maôn, où habitait un homme qui s'appelait Nabal. Il était très riche. Sa femme, Abigaïl, était intelligente et belle. Toutefois, Nabal était méchant.

David a chargé dix de ses hommes d'aller trouver Nabal et de le saluer de sa part. Ces hommes ont fait rappel à Nabal que, tant que ses bergers ont été avec eux, aucun mal ne leur est pas arrivé. En échange, ces hommes ont demandé de la nourriture et de l'eau.

Nabal a dit qu'il ne connaissait pas David. Il n'était prêt de rien partager avec David et ses hommes. Nabal comparait David et ses hommes aux serviteurs qui s'enfuient de chez leurs maîtres.

Les hommes de David ont rentré et rapporté à David la réponse de Nabal. David leur a ordonné de prendre leurs épées. Quatre cents hommes sont allés se venger avec David.

Un serviteur de Nabal a dit à Abigaïl tout ce qui s'est passé entre les messagers de David et Nabal. Le serviteur lui a aussi dit que Nabal avait insulté David.

Abigaïl a prit du pain, du vin, de la viande, du blé, et d'autres alimentations, et a chargé le tout sur des ânes. Elle a dit à ses serviteurs de la conduire auprès de David. Elle n'a rien dit à Nabal.

Elle s'est trouvée bientôt face à David et ses hommes. Elle s'est incliné la face contre terre, se prosternant devant lui. Elle lui a dit de ne pas faire attention à Nabal. Elle a dit que Nabal portait justement son nom, qui veut dire 'insensé.' Elle a offert les cadeaux à David, et elle lui a demandé de pardonner l'injure de Nabal.

David a dit à Abigaïl : « Béni soit l'Eternel, le Dieu d'Israël, de t'avoir envoyée aujourd'hui sur ma route. » David acceptait les cadeaux d'Abigaïl. Il lui a dit qu'elle l'avait empêché d'une effusion de sang.

Le lendemain matin, Abigaïl a raconté à Nabal tout ce qui était passé. Quand il a tout écouté, il avait une attaque et restait paralysé. Dix jours plus tard, il est mort.

Quand David a appris que Nabal était mort, il a loué l'Eternel. Puis David a envoyé des messagers à Abigaïl pour lui proposer de devenir sa femme. Elle s'est mit en route a dos d'âne, et elle est allée chez David devenir sa femme.

Encouragez les enfants à répondre aux questions suivants. Il n'y a ni réponses correctes ni incorrectes. Ces questions aideront les enfants à comprendre l'histoire et à l'appliquer à leurs vies.

1, Le nom de Nabal voulait dire 'insensé.' Quelle décision prenait-il dans cette histoire qui était insensée ?

2, Abigaïl était une pacificatrice. Un pacificateur est une personne qui aide les autres à résoudre leurs désaccords. Comment est-ce qu'Abigaïl a fait la paix dans cette histoire biblique ?

3, Comment est-ce que le verset à retenir, Romains 12.18, se rapporte à cette histoire ?

Dites : Dieu veut que son peuple font la paix. Quand on essaie d'être un pacificateur, on peut trouver que quelques désaccords sont trop difficiles à résoudre tout seul. Quand ceci arrive, trouvez une personne sage à vous aider à faire la paix. Vous pouvez commencer d'être les pacificateurs aujourd'hui. Réfléchissez à quelques désaccords que vous pouvez aider à résoudre. Ne pas oublier de demander à Dieu ses conseils et sa sagesse.

VERSET À RETENIR

Répétez le verset à retenir. Vous en trouverez des suggestions à la page 131.

ACTIVITÉS SUPPLÉMENTAIRES

Choisissez entre les idées suivantes pour améliorer l'apprentissage des enfants.

1, Abigaïl était une héroïne. Elle aidait David quand il était dans la difficulté. Qui sont vos héros ? Vos héros peuvent être quelqu'un que vous connaissez qui a montré de la compassion et a aidé des autres. Ecrivez un mot de remerciement ou créez une affiche sur cette personne pour apprécier vos héros.

2, Abigaïl était une pacificatrice entre David et sa famille. Lisez Actes 9.26-31. Comment était Barnabas un pacificateur ? Lisez Actes 6.1-7. Comment ont résolu les disciples le problème avec les veuves ?

QUESTIONS D'ESSAI POUR LE CONCOURS ÉLÉMENTAIRE

Pour préparer les enfants pour le concours, lisez-les 1 Samuel 25.1-42.

1 **Que faisait tout Israël quand Samuel est mort ? (25.1)**

1, Construisait un mémorial pour lui.
2, Célébrait son deuil.
3, Réjouissait.

2 **Comment est-ce que la Bible décrit Nabal ? (25.2-3)**

1, Un homme très riche mais dur et méchant qui vivait à Maôn
2, Un homme pauvre qui vivait à Bethlehem
3, Un roi très riche

3 **Comment est-ce que la Bible décrit Abigaïl ? (25.3)**

1, Silencieuse et compréhensive
2, Intelligente et belle
3, Les deux réponses sont bonnes.

4 Quand David était au désert, il a apprit que Nabal était en train de faire quelle chose ? (25.4)

1, Battre son blé
2, Tondre ses moutons
3, Entretenir son vignoble

5 Comment est-ce que Nabal a répondu aux hommes de David ? (25.10-11)

1, « Qui est David ? »
2, « Vous croyez que je vais prendre de mon pain, de mon eau et de ma viande pour les donner à eux ? »
3, Les deux réponses sont bonnes.

6 Qui a dit à Abigaïl que Nabal avait insulté David ? (25.14)

1, Un serviteur
2, Un homme de David
3, David

7 Qui a dit à David de ne pas faire attention à Nabal ? (25.25)

1, Abigaïl
2, Le serviteur d'Abigaïl
3, Le serviteur de David

8 Après Abigaïl a supplié du pardon pour Nabal, qu'est-ce que David lui a dit ? (25.28-35)

1, « Bénie sois-tu pour ton bon sens. »
2, « Je t'ai entendue et j'agirai comme tu me l'as demandé. »
3, Les deux réponses sont bonnes.

9 Quand Abigaïl a rapporté à Nabal tout ce qu'elle a fait pour David, qu'est-ce qui s'est passé ? (25.37-38)

1, Il a eu une attaque, et dix jours plus tard, est mort.
2, Il a divorcé d'avec elle.
3, Il était heureux qu'elle ait aidé David.

10 Après Nabal est mort, qu'est-ce que David a demandé à Abigaïl ? (25.39)

1, De donner encore de nourriture à ses hommes
2, De devenir sa femme
3, De faire la cuisine pour ses hommes

QUESTIONS D'ESSAI POUR LE CONCOURS SUPÉRIEUR

Pour préparer les enfants pour le concours, lisez-les 1 Samuel 25. 1-42.

1 Quel genre d'homme était Nabal ? (25.3)

1, Plein d'humeur et de joie
2, Dur et méchant
3, Gentil et équitable pour tous
4, Toutes les réponses sont bonnes.

2 David a chargé dix de ses hommes de dire quoi à Nabal ? (25.5-8)

1, « Longue vie à toi ! »
2, « Tant que tes bergers ont été avec nous, nous ne leur avons fait aucun tort. »
3, « Donne-leur donc, je te prie, ce que tu auras sous la main. »
4, Toutes les réponses sont bonnes.

3 Comment est-ce que Nabal a répondu à la demande de David ? (25.10-11)

1, « De combien de nourriture as-tu besoin ? »
2, « Je ne peux pas nourrir un tel grand quantité d'hommes. »
3, « Demandes à ma femme. »
4, « Vous croyez que je vais prendre de mon pain, de mon eau et de ma viande pour les donner à des gens venus de je ne sais où ? »

4 Quand ses hommes lui ont rapporté les paroles de Nabal, comment a réagit David ? (25.12-13)

1, David a prié que Dieu lui donne de la sagesse.

2, David a ordonné à ses hommes : « Que chacun prenne son épée ! »

3, David a dit : « Mettez à mort cet homme méchant ! »

4, David a demandé comment aller la famille de Nabal.

5 Quand Abigaïl a apprit ce que Nabal a fait à David, qu'est-ce qu'elle a fait ? (25.18-20)

1, Elle a supplié Nabal de leur donner de la nourriture.

2, Elle était d'accord avec Nabal.

3, Elle a chargé de la nourriture sur des ânes, et elle l'a apporté à David.

4, Elle a demandé que David la rencontre.

6 Quand Abigaïl s'est trouvée face à David, qu'est-ce qu'il venait justement de se dire ? (25.21)

1, « Je vais parler à Nabal moi-même. »

2, « Il me rend le mal pour le bien ! »

3, « Nous allons voler les brebis de Nabal. »

4, Toutes les réponses sont bonnes.

7 Quand est-ce que Nabal est mort ? (25.36-38)

1, Dix années après il avait refusé d'aider David.

2, Quand Abigaïl lui a dit qu'il était insensé.

3, Dix jours après Abigaïl lui a dit qu'elle avait aidé David.

4, Avant Abigaïl s'est rentrée chez eux.

8 Quand est-ce que David a dit : « Béni soit l'Eternel qui a pris ma cause en main ? » (25.39)

1, Quand il a reçu les cadeaux d'Abigaïl.

2, Quand il s'est marié avec Abigaïl.

3, Quand il a apprit que Nabal a perdu tous ses brebis.

4, Quand il a apprit que Nabal était mort.

9 Quand Abigaïl est allée devenir la femme de David, qui est allé avec elle ? (25.42)

1, Une âne

2, Cinq servantes

3, Les messagers de David

4, Toutes les réponses sont bonnes.

10 Finissez ce verset : « S'il est possible, autant que ... » (Romains 12.18)

1, « . . . vous êtes capable, trouvez des moyens de faire respecter la justice quand on fait du tort à vous. »

2, « . . . vous pouvez, menez une vie de paix. »

3, « . . . cela dépend de vous, soyez en paix avec tous les hommes. »

4, « . . . cela dépend de vous, cherchez la paix au monde. »

**1 SAMUEL 31.1-6 ;
2 SAMUEL 2.1-17 ; 3.1 ; 5.1-5**

VERSET À RETENIR

« Maintenant, Seigneur Eternel, tu es Dieu, et tes paroles sont vérité, et tu as annoncé cette grâce à ton serviteur » (2 Samuel 7.28).

VÉRITÉ BIBLIQUE

Dieu fait ce qu'il dit qu'il fera.

CŒUR DE LA LEÇON

Dieu récompense ceux qui lui obéissent. Il réalise toujours ses promesses.

CONSEILS PÉDAGOGIQUES

Certains aspects de l'histoire de David peuvent désorienter les enfants. La chose importante pour les enfants de connaitre est de savoir que Dieu avait réalisé la promesse qu'il avait faite à David. A travers la patience et l'obéissance de David, Dieu réalisa sa promesse que David serait le prochain roi. Rappelez aux enfants que Dieu continue encore à réaliser ses promesses aujourd'hui.

COMMENTAIRE BIBLIQUE

Lisez 1 Samuel 31.1-6 ; 2 Samuel 2.1-17 ; 3.1 ; 5.1-5. Les Philistins ont attaqués et battus les Israélites. Pendant le combat, les Philistins tuaient Jonathan et deux de ses frères, et ils blessaient Saul. Pour éviter plus de douleur, Saül se suicida.

La tribu de Juda avait oint David pour leur roi. Les tribus du nord d'Israël ne l'ont pas accepté pour roi. Abner, le chef de l'armée de Saül, nommait le fils de Saül, Ich-Bocheth, pour être roi sur les Israélites. David combattait Ich-Bocheth pour le droit d'être roi sur les Israélites, parce que Dieu n'avait pas oint Ich-Bocheth.

Après la mort d'Ich-Bocheth, les tribus du nord demandait à David d'être leur roi. David est devenu roi sur tout Israël. Malgré les épreuves que David affrontait, il persévérait, et Dieu réalisait la promesse qu'il avait faite à David.

CARACTÉRISTIQUES DE DIEU

- Dieu récompense ceux qui lui obéissent.
- Dieu réalise toujours ses promesses.

PERSONNES

- **Abner** était le chef de l'armée de Saul.
- **Ich-Bocheth** était le fils de Saul. Abner le nommait roi d'Israël.
- **Joab** était le chef de l'armée de David.

ENDROITS

- **Le mont Guilboa** était une crête de montagne d'environs 30 km à l'est du fleuve Jourdain.

- **Hébron** était une ville au sud-ouest de Jérusalem. David habitait là lorsqu'il régnait sur Juda pendant sept ans et six mois.
- **La tribu de Juda** était l'une des deux nations formées par les tribus d'Israël. Les gens de Juda reconnaissaient David comme roi. L'autre nation reconnaissait Ich-Bocheth comme roi.

ACTIVITÉ

Avant que les enfants n'arrivent, préparez un grand espace pour que les enfants courent. Cette activité se joue bien dehors ou dans une grande salle.

Donnez des instructions aux enfants de s'aligner à une distance d'environs 100 m de vous. Si vous jouez dans une grande salle, dites aux enfants de s'aligner le long d'un mur. Vous vous tiendrez contre le mur d'en face.

Les enfants doivent rester à leurs places, quand vous vous tenez là, à les regarder. Quand vous tournez votre dos aux enfants, ils peuvent s'approcher de vous. Toutefois si vous vous retournez encore pour regarder les enfants, ils doivent s'arrêter immédiatement. Si vous voyez un enfant bouger, faites-le rentrer à la ligne de départ. Continuez à vous retournez derrière et devant, jusqu'à ce qu'un enfant touche légèrement votre bras. Répétez ce jeu jusqu'au temps prévu.

Dites : **Pendant le jeu vous avez attendu que je me retourne pour que vous puissiez venir vers moi. David a attendu aussi. David a attendu pour que Dieu réalise sa promesse de faire de lui roi.**

LEÇON BIBLIQUE

Préparez l'histoire suivante adaptée de 1 Samuel 31.1-6 ; 2 Samuel 2.1-17 ; 3.1 ; 5.1-5, avant de la raconter aux enfants.

Les Philistins ont combattus les Israélites. Beaucoup d'Israélites sont morts au mont Guilboa. Les Philistins ont tués trois des fils de Saul : Jonathan, Abinadab, et Malkichoua. Ich-Bocheth était le seul fils de Saul qui a survécu. Il n'a pas combattu dans cette bataille.

L'effort du combat porta sur Saül. Les archers philistins l'atteignaient, et le blessaient grièvement.

Saül, sachant qu'il allait mourir bientôt, a dit à celui qui portait ses armes de le tuer, de peur que les Philistins ne viennent le percer, et le faire subir leurs outrages. Cependant celui qui portait ses armes ne voulait pas, car il était saisi de crainte. Et Saul a prit son épée et s'est jeté dessus.

Celui qui portait les armes de Saul le voyant mort, s'est jeté aussi sur son épée, et mourait avec lui. Celui qui portait ses armes s'est tué pour montrer son dévouement à Saül. Ainsi, Saul, ses trois fils, l'homme qui portait ses armes, et ses hommes mouraient ce jour là.

Après la mort de Saül, la nation d'Israël n'était pas d'accord sur qui devrait être roi. David consultait l'Eternel pour lui indiquer l'endroit où il devait partir. L'Eternel a dit à David d'aller à Hébron, une ville de Juda. Ensuite les gens de Juda sont venus à Hébron, oindre David comme roi sur eux. Mais les tribus du nord n'étaient pas encore dévouées à David.

David apprenait que les gens de Yabéch en Galaad enterraient Saül. Il envoyait des messagers pour leur dire, « Que l'Eternel vous bénisse pour avoir accompli cet acte de bonté envers votre seigneur Saül en l'ensevelissant dans un tombeau ». La bénédiction de David était destinée à montrer son dévouement à Saül et à se faire une faveur auprès des tribus du nord d'Israël. David leur a plut de le reconnaitre comme successeur naturel de Saul.

Pendant ce temps, Abner chef de l'armée de Saül, faisait d'Ich-Bocheth, fils de Saul, roi sur la nation d'Israël. Alors que David a constamment consulté Dieu, Abner était celui qui a choisi de mettre Ich-Bocheth roi sur la nation d'Israël.

Ich-Bocheth était âgé de 40 ans lorsqu'il est devenu roi sur Israël. Et il régnait deux ans. Il n'y avait que la tribu de Juda qui restait attachée à David.

La division d'Israël causait de la friction et de la violence. Abner, et les hommes d'Ich-Bocheth, fils de Saül, sortirent pour marcher sur Gabaon. Joab et les hommes de David se miraient aussi en marche, et ils se rencontraient prés de l'étang de Gabaon. Abner et Joab se sont mis d'accord pour que ces jeunes gens se lèvent et se battent devant eux en nombre égal, douze pour Ich-Bocheth, et douze hommes de David. Et les vingt-quatre hommes tombaient tous ensemble. Il y avait en ce jour un combat très rude, dans lequel Abner et les hommes d'Israël étaient battus par les hommes de David.

La guerre durait longtemps entre la maison de Saül et la maison de David. David et ses gens devenaient de plus en plus forts, et la maison de Saül, allait en s'affaiblissant.

Cependant David ne s'emparait pas du royaume du nord par force. Quand les hommes de son armée tuaient Abner et Ich-Bocheth, David pleurait leurs morts. David considérait le royaume comme un don qu'il ne devait pas prendre par force. Il a attendu que Dieu lui donne la royauté.

Après la mort d'Ich-Bocheth, toutes les tribus d'Israël vinrent auprès de David à Hébron, et disaient : « Nous voici ! Nous sommes de ta race et de ton sang. C'est toi qui dirigeais les expéditions militaires d'Israël. Or l'Eternel t'a promis que tu serais le berger d'Israël. » Ainsi les tribus du nord venaient demander que David devient leur roi.

David faisait un traité devant l'Eternel avec les tribus du nord à Hébron, et ils oignaient David pour roi sur tout Israël.

David était âgé de 30 ans lorsqu'il est devenu roi, et il régnait 40 ans. A Hébron il régnait sur Juda sept ans et six mois, et à Jérusalem il régnait 33 ans sur tout Israël et Juda.

Encouragez les enfants à répondre aux questions suivantes, il n'y a pas de bonnes ou mauvaises réponses. Ces questions aideront les enfants à comprendre l'histoire et à la mettre en pratique dans leurs vies.

1, Qui est mort dans la bataille sur le mont Guilboa ? Pourquoi Saul a-t-il décidé de commettre un suicide ? Pensez-vous que Saül était sage en se donnant la mort ?

2, Lisez 2 Samuel 2.1. La question de David à Dieu nous dit quoi, à propos de sa relation avec Dieu ? En quoi la réponse de David à Dieu se diffère-t-elle des réponses précédentes de Saül à Dieu ?

3, Les tribus du nord n'ont pas supporté David comme leur roi. Qui a Abner nommé comme roi ? Pourquoi pensez-vous qu'Abner l'a choisi pour roi ? Pensez-vous qu'Abner a prit la bonne décision en choisissant Ich-Bocheth comme roi ?

4, Quand la maison de Saül et la maison de David combattaient, qui était vainqueur ? Pourquoi pensez-vous qu'ils étaient vainqueurs ?

Dites, Dieu a promit à David qu'il serait roi. David attendait patiemment la promesse de Dieu, et il faisait confiance à Dieu pour tenir sa parole. Finalement David est devenu roi. Il arrive que tes amis ou les membres de ta famille ne réalisent pas leurs promesses. Toutefois Dieu réalise toujours ses promesses. Faites confiance à Dieu et soyez patients. Vous verrez que Dieu fait ce qu'il dit qu'il fera.

VERSET À RETENIR

Répétez le verset à retenir. Vous en trouverez des suggestions à la page 131.

ACTIVITÉS SUPPLÉMENTAIRES

Choisissez à partir de ces options pour améliorer l'étude biblique des enfants.

1. Etudiez ces passages qui décrivent David : 1 Samuel 13.14, 15.28, 16.11-13, 16.18, et 17.33-40. Dessinez une image à ce que vous pensez que David ressemble. Ensuite écrivez les caractéristiques de David autour de l'image.

2. Dieu réalisait sa promesse à David qu'il serait roi d'Israël. Lisez d'autres promesses que Dieu réalisait dans Genèse 9.8-17, 21.1-7 ; Exode 3.7-8 ; Jérémie 32.20-23 ; et Actes 13.21-37. Demandez : **Combien de temps ces personnes attendaient pour que Dieu puisse réaliser sa promesse ? Comment pensez-vous qu'ils se sont sentis en attendant que Dieu réalise la promesse ?** Demandez aux enfants de choisir l'une des promesses de Dieu, et écrivez-la sur papier. Permettez aux enfants de décorer le papier comme ils désirent. Dites : **Gardez cette promesse à un endroit particulier. Souvenez-vous que Dieu réalise toujours ses promesses.**

QUESTIONS D'ESSAI POUR LE CONCOURS ÉLÉMENTAIRE

Pour préparer les enfants au concours, lisez-les 1 Samuel 31.1-6, 2 Samuel 2.1-17, 3.1, 5.1-5

1 Qui a grièvement blessé Saül ? (31.3)

1, Celui qui portait ses armes
2, Les archers philistins
3, David

2 Qu'ont fait les dirigeants de la tribu de Juda quand ils venaient à Hébron ? (2 Samuel 2.4)

1, Ils ont demandé à David de conduire leurs armées.
2, Ils oignaient David pour roi sur la tribu de Juda.
3, Ils oignaient David pour roi sur tout Israël.

3 Pourquoi David envoyait des messagers aux gens de Yabéch en Galaad ? (2 Samuel 2.4-5)

1, Ils ont tué Saül.
2, Ils ont enterré Saül.
3, Ils ont demandé au sujet de Saül.

4 Abner, le chef de l'armée de Saül, a fait qui roi sur tout Israël ? (2.8-9)
1, Fils de Saül, Ich-Bocheth
2, Fils de Saül, Malkichoua
3, Fils de Saül, Abinadab

5 Combien de temps le fils de Saül, Ich-Bocheth, régnait sur Israël comme roi ? (2.10)

1, Un an
2, Deux ans
3, Quarante ans

6 Combien de temps David régnait-il à Hébron sur la tribu de Juda ? (2.11)

1, 40 ans, 7 mois
2, 2 ans, 7 mois
3, 7 ans, 6 mois

7 Qu'ont fait les responsables d'Israël après que David faisait alliance avec eux à Hébron ? (5.3)

1, Ils oignaient David pour roi sur Israël.
2, Ils sont allés à Jérusalem.
3, Ils ont offert un sacrifice à Dieu.

8 Quel âge avait David lorsqu'il est devenu roi ? (5.4)

1, 25 ans
2, 30 ans
3, 33 ans

9 Combien de temps David régnait-il comme roi ? (5.4)

1, 40 ans
2, 45 ans
3, 50 ans

10 Complétez ce verset : « Maintenant, Seigneur Eternel, tu es Dieu, et tes paroles sont vérité, et tu as annoncé ... » (2 Samuel 7.28)

1, « . . . cette grâce à ton serviteur. »
2, « . . . ces choses terribles aux enfants. »
3, « . . . d'être avec nous toujours. »

QUESTIONS D'ESSAI POUR LE CONCOURS SUPÉRIEUR

Pour préparer les enfants au concours, lisez-les 1 Samuel 31.1-6 ; 2 Samuel 2.1-17 ; 3.1 ; 5.1-5

1 Qui ont tués les Philistins, en combattant Saül et ses fils ? (31.2)

1, Jonathan
2, Abinadab
3, Malkichoua
4, Toutes les réponses sont bonnes.

2 A qui est-ce que Saül ordonnait de le tuer avec son épée ? (31.4)

1, Le capitaine philistin
2, Le fils ainé de Saül
3, Celui qui portait les armes de Saül
4, David

3 Celui qui portait les armes de Saül, qu'a-t-il fait quand il a vu que Saül était mort ? (31.5)

1, Il l'a annoncé aux responsables.
2, Il s'est caché dans les collines.
3, Il a couru chercher de l'aide.
4, Il s'est jeté sur son épée, et mourait avec Saül.

4 Qui périssaient en même jour que Saul ? (31.6)

1, Trois fils de Saül
2, Celui qui portait les armes de Saül
3, Tous les hommes de Saül
4, Toutes les réponses sont bonnes.

5 Après que l'Eternel lui ait dit d'aller habiter dans les villes de Hébron, David emmenait qui avec lui ? (2 Samuel 2.2-3)

1, Sa femme, Ahinoam de Jizréel

2, Sa femme, Abigaïl, la veuve de Nabal

3, Ses compagnons et leurs familles

4, Toutes les réponses sont bonnes.

6 Qui rencontraient Abner et les hommes d'Ich-Bocheth prés de l'étang de Gabaon ? (2.12-13)

1, David et Ich-Bocheth

2, Les femmes philistines et les femmes israélites

3, Joab et les hommes de David

4, Toutes les réponses sont bonnes.

7 Dans la guerre entre la maison de Saül et la maison de David, qui devenait de plus en plus fort ? (3.1)

1, La maison de Juda

2, La maison de Saül

3, La maison d'Ich-Bocheth

4, La maison de David

8 Qui ont dit à David à Hébron, « Nous voici ! Nous sommes de ta race et de ton sang. » (5.1)

1, Toutes les tribus de Juda

2, Toutes les tribus d'Israël

3, Les responsables à Hébron

4, Les captifs philistins

9 Qu'est-ce que les tribus d'Israël ont rappelé à David que l'Eternel lui avait dit ? (5.2)

1, Tu dois toujours respecter le Sabbat et le garder saint.

2, Tu serais le berger d'Israël son peuple et tu en deviendrais le chef.

3, Tu auras beaucoup de fils.

4, Ton nom deviendra grand sur toute l'étendue de la terre.

10 Combien de temps David régnait-il à Jérusalem sur tout Israël et Juda ? (5.5)

1, 20 ans

2, 33 ans

3, 40 ans

4, 7 ans

VERSET À RETENIR

« L'Eternel est mon berger : je ne manquerai de rien. Il me fait reposer dans de verts pâturages, Il me dirige près des eaux paisibles. Il restaure mon âme, Il me conduit dans les sentiers de la justice, A cause de son nom »
(Psaume 23.1-3).

VÉRITÉ BIBLIQUE

Dieu bénît notre obéissance à lui.

CŒUR DE LA LEÇON

Dans cette étude les enfants apprendront que, Dieu veut que nous lui obéissions et l'honorons.

CONSEILS PÉDAGOGIQUES

Les enfants peuvent avoir beaucoup du mal à obéir. Il leur est parfois difficile d'obéir aux enseignants, parents, et d'autres autorités. C'est très important pour eux d'obéir à Dieu.

Les Israélites n'ont pas obéi aux premières instructions sur la méthode de transporter le coffre de Dieu. Bien que ce fût un accident, Ouzza viola la loi. Quoique la punition fût dure, Dieu voulait rappeler aux Israélites l'obéissance, le respect de Dieu, et le respect du coffret.

COMMENTAIRE BIBLIQUE

Lisez 2 Samuel 5.6-6.19. Jérusalem était parfait pour une ville capitale. C'était localisé au centre du pays. Il aurait était facile pour l'armée de David de la défendre. David voyageait à Jérusalem, et il marchait sur la ville contre les Yebousiens.

Hiram roi de Tyr honorait David en tant que roi légitime des Israélites, et il construisait un palais pour David. David reconnaissait que les bénédictions qu'il recevait de Dieu étaient pour le bien des Israélites.

David décidait de faire venir le coffre de Dieu à Jérusalem. Les Israélites n'ont pas honoré Dieu par la façon dont ils traitaient le coffre. Les Israélites choisissaient de mettre le coffre sur un chariot plutôt que de le porter comme Dieu l'avait instruit (voir 1 Chroniques 15.13-15). Quand le chariot se penchait, Ouzza étendait la main pour saisir le coffre, et mourait aussitôt. Dieu rappelait à David qu'il s'attendait à ce que les Israélites obéissent à ses commandements.

CARACTÉRISTIQUES DE DIEU

• Dieu fait parfois des choses que nous ne comprenons pas.

• Dieu nous demande de respecter et d'obéir à ses commandements.

PAROLES DE NOTRE FOI

• **Une bénédiction** est une action ou parole qui apporte plaisir, satisfaction, ou bonne chance. Dieu bénit David à cause de son obéissance à Dieu.

PERSONNES

• **Les Yebousiens** étaient de Yebous. Yebous était l'ancien nom de Jérusalem.

• **Abinadab** gardait le coffre de Dieu dans sa maison après que les Philistins l'eurent renvoyé. (1 Samuel 7.1)

- **Ouzza et Ahyo** étaient les fils d'Abinadab. Ouzza mourait parce qu'il touchait le coffre.
- **Obed-Edom** gardait le coffre dans sa maison pendant trois mois avant que David la conduisait à Jérusalem.

ENDROITS

- **Jérusalem** était la ville que David a choisit d'être la capitale d'Israël.
- **Cité de David** est un autre nom de Jérusalem.
- **La vallée des Rephaïm** était la vallée entre Jérusalem et Bethléem.

ACTIVITÉ

Il vous faut ces articles pour cette activité :

- Deux de n'importe quels petits objets, tels que des plumes, billes, pièces de monnaie, pelotes à coton, ballons gonflés, pierres, ou livres

Placez les enfants dans deux équipes de la même ampleur. Indiquez la ligne de départ et la ligne d'arrivée pour la course. Donnez à chaque équipe un de petits objets.

Dites : **Quand je vous dirai de commencer, le premier coureur dans chaque ligne doit tenir l'objet en équilibre sur le dos d'une main et courir à toute allure vers la ligne d'arrivée. Ensuite le coureur retournera et continuera la course vers la ligne de départ. L'objet doit rester équilibré sur le dos de la main, jusqu'à ce que le coureur rentre à la ligne de départ. Si l'objet tombe, le coureur doit le ramasser et recommencer la course à la ligne de départ. Une fois le coureur rentre avec succès à la ligne de départ, le prochain coureur à la ligne mettra l'objet en équilibre sur une main et fera la course.**

Permettez à chacun des enfants de faire la course. Encouragez les coéquipiers d'acclamer pour leurs équipes. Quand la course sera terminée, les équipes se serrent la main et s'encouragent mutuellement. Tout le monde est gagnant pour avoir terminé la course !

Dites : **C'était difficile pour certains d'entre vous de garder l'objet en équilibre sur le dos de la main. Imaginez que l'objet que vous avez tenu en équilibre soit un trésor spécial. Vous vous en occuperez soigneusement et respectueusement. Les Israélites avaient transportés un trésor, le coffre de Dieu. Aujourd'hui, nous apprendrons au sujet d'un moment où les Israélites n'ont pas respectés le coffre de Dieu.**

LEÇON BIBLIQUE

Préparez la leçon suivante, adaptée de 2 Samuel 5.6-6.19, avant de la raconter aux enfants.

Le roi David a cherché une ville pour implanter sa capitale. Il aimait l'emplacement de Jérusalem mais les Yebousiens habitaient là-bas. David marchait avec ses hommes sur Jérusalem contre les Yebousiens. Ils raillaient David parce qu'ils ont cru que leur forteresse était indestructible. Toutefois, David s'emparait de Jérusalem, et s'est établit dans la forteresse. David l'appelait la cité de David.

David devenait de plus en plus grand parce que l'Eternel était avec lui. David reconnaissait que l'Eternel l'affermissait comme roi d'Israël. Hiram, roi de Tyr, a construit un palais pour David.

Les Philistins apprenaient qu'on avait oint David pour roi sur Israël, et ils montaient tous à sa recherche. Les Philistins arrivaient et se répandaient dans la vallée des Rephaïm. David a apprit que les Philistins étaient à sa recherche. Ainsi David consultait l'Eternel en disant : « Dois-je attaquer les Philistins ? Me donneras-tu la victoire sur eux ? » L'Eternel a dit à David : « Attaque-les ! Car je t'assure que je te donnerai la victoire sur les Philistins. » Et David a battu les Philistins.

Les Philistins se déployaient de nouveau dans la vallée des Rephaïm. David a consulté l'Éternel et l'Eternel a dit : « Ne les attaque pas de front ! Contourne-les par leurs arrières, puis reviens sur eux en face de la forêt des mûriers. » David a fait ce que l'Eternel lui a ordonné, et il a battu les Philistins.

David, avec trente mille meilleurs des guerriers d'Israël, se mettait en route et ramenait le coffre de Dieu de la maison d'Abinadab dans la cité de David. Ils chargeaient sur un chariot neuf le coffre de Dieu. Ouzza et Ahyo conduisaient le chariot neuf. David et toute la communauté d'Israël étaient en train de célébrer l'événement.

L'un des bœufs qui transportait le coffre faisait un écart. Ouzza tendait la main vers le coffre de Dieu et l'a saisit. L'Eternel s'est mit en colère contre Ouzza à cause de son acte irrévérent. Dieu frappait Ouzza sur place, et il mourait là.

David s'irritait de ce que l'Eternel avait frappé Ouzza d'un tel châtiment, et il avait peur de l'Eternel. David ne voulait pas retirer le coffre de Dieu chez lui dans la cité de David. Il l'a fait conduire dans la maison d'Obed-Edom de Gath. Le coffre de l'Eternel restait trois mois dans la maison d'Obed–Edom.

David apprenait que l'Eternel avait béni la maison d'Obed-Edom et tout ce qui était à lui. David a fait transporter le coffre de Dieu depuis la maison d'Obed-Edom jusque dans la cité de David. Quand les prêtres entraient dans la cité de David avec le coffre de l'Eternel, David dansait de toute sa force devant l'Eternel.

On amenait le coffre de l'Eternel et on le déposait au milieu de la tente que David avait fait dresser pour lui. David a offert des holocaustes et des sacrifices de communion devant l'Eternel. Ensuite David a bénît le peuple au nom de l'Eternel. Il a distribué des vivres à tout le peu-ple, à chacun une miche de pain, une portion de viande rôtie et une masse de raisins secs.

Encouragez les enfants à répondre aux questions suivantes. Il n'y a pas de bonnes ou mauvaises réponses. Les questions aideront les enfants à comprendre l'histoire et à la mettre en pratique dans leurs vies.

1, Lisez 2 Samuel 5.10. En quoi la description de la relation de David avec Dieu, et celle de la relation de Saül avec Dieu que nous connaissons, se différencient-elles ?

2, Pourquoi Ouzza mourait ? Comment pensez-vous que les Israélites répondaient après la mort d'Ouzza ? Comment a répondu David ? Que signifie irrévérent ? Pourquoi est-ce que l'acte qu'Ouzza avait posé était irrévérent ?

3, Pourquoi David a fait transporter le coffre de Dieu de la maison d'Obed-Edom jusqu'à la cité de David ? Qu'a-t-il fait quand il ramena le coffre à Jérusalem ?

Dites : Les Israélites ont expérimentés beaucoup de bénédictions de la part de Dieu. Les Israélites avaient une capitale et un nouveau palais pour le roi David. David désirait vivement ramener le coffre de Dieu à Jérusalem. Le coffre était le symbole de la présence de Dieu. Cependant, les Israélites n'ont pas obéi aux commandements de Dieu au sujet du coffre, et ils ont manqué d'honorer Dieu. Dieu veut que nous lui obéissions et l'honorons à tout moment. Si vous venez à Dieu, il vous aidera à l'honorer.

VERSET À RETENIR

Répétez le verset à retenir. Vous en trouverez des suggestions à la page 131.

ACTIVITÉS SUPPLÉMENTAIRES

Choisissez parmi ces options pour améliorer l'étude biblique des enfants.

1, Les versets à retenir pour les trois études suivantes viennent de Psaumes 23. Apportez une feuille de bristol lisse (environs 50x65cm) et des feutres pour les enfants. Encouragez les enfants à faire une illustration de Psaume 23, en utilisant les images appropriés à la place des mots.

2, David s'emparait de Jérusalem, et l'appelait la cité de David. A l'aide d'une encyclopédie ou sur internet, recherchez la population, la superficie terrestre, l'activité principale, et l'agencement des maisons de Jérusalem. Faites un tableau de comparaison entre ce que la ville était au temps de David et ce qu'elle est aujourd'hui.

QUESTIONS D'ESSAI POUR LE CONCOURS ÉLÉMENTAIRE

Pour préparer les enfants au concours, lisez-les 2 Samuel 5.6-6.19.

1 **Comment David a surpris les Yebousiens ? (5.6-7)**

1, Il emportait leurs nourritures et l'eau.
2, Il s'emparait de la forteresse de Sion.
3, Il les a libérés.

2 **Les Philistins, qu'ont-ils abandonnés à Baal-Peratsim ? (5.21)**

1, Leurs nourritures et l'eau
2, Leurs provisions
3, Leurs idoles

3 **Qu'a dit Dieu la deuxième fois que David lui a demandé s'il devait attaquer les Philistins ? (5.23)**

1, « Cours dans la forteresse et cache-toi. »
2, « Contourne-les par leurs arrières, puis revlens sur eux en face de la forêt des mûriers. »
3, « Envoie les espions dans leurs camps, et ensuite attaque-les. »

4 **Où plaçaient les Israélites le coffre de Dieu lorsqu'ils l'emportaient de Baalé-Juda ? (6.3)**

1, Sur un chariot neuf
2, Dans une tente
3, Dans le palais

5 **Qui tendait la main vers le coffre de Dieu et l'a saisit, quand les bœufs faisaient un écart ? (6.6)**

1, Ahyo
2, Abinadab
3, Ouzza

6 **Qu'est-ce qui est arrivé à Ouzza lorsqu'il a touché le coffre ? (6.6-7)**

1, Il a quitté Israël.
2, Dieu l'a frappé et il mourait.
3, Rien ne lui est arrivé.

7 **Combien de temps le coffre restait dans la maison d'Obed-Edom ? (6.11)**

1, Trois mois
2, Deux ans
3, Un mois

8 Que faisait David au coffre quand il apprenait que l'Eternel avait bénît la maison d'Obed-Edom ? (6.12)

1, Il l'a laissé dans la maison d'Obed-Edom.

2, Il l'a fait transporter de la maison d'Obed-Edom jusque dans la cité de David, au milieu des réjouissances.

3, Il l'a fait monter à la montagne de Sinaï pour adorer.

9 Avec quels sons ont ramené David et le peuple d'Israël le coffre de l'Éternel à la cité de David ? (6.15)

1, Poussant des cris de joies et faisant résonner les cors

2, Hurlant des huées

3, Cassant des pots

10 Qu'a fait David après l'arrivée du coffre de l'Éternel dans la tente ? (6.17-18)

1, Il a offert des holocaustes et des sacrifices de communion devant l'Eternel.

2, Il a bénît le peuple au nom de l'Eternel, le Seigneur des armées célestes.

3, Les deux réponses sont bonnes.

QUESTIONS D'ESSAI POUR LE CONCOURS SUPÉRIEUR

Pour préparer les enfants au concours, lisez-les 2 Samuel 5.6-6.19.

1 Qu'ont dit les Yebousiens à David quand il marchait avec ses hommes sur Jérusalem pour les combattre ? (5.6)

1, « Nous espérons que tu n'entreras pas. »

2, « Même des aveugles et des boiteux te repousseraient. »

3, « L'Eternel ne veut pas que tu marche contre nous. »

4, Toutes les réponses sont bonnes.

2 Que faisait David âpres s'être emparé de la forteresse de Sion ? (5.7, 9)

1, Il s'installait dans la forteresse pour y habiter.

2, Il l'appelait la cité de David.

3, Il faisait des constructions tout autour.

4, Toutes les réponses sont bonnes.

3 Pourquoi David devenait de plus en plus puissant ? (5.10)

1, L'Eternel était avec lui.

2, Il pratiquait l'épée pour se préparer à la bataille.

3, Il a réuni une grande armée.

4, Il a fait que tout le monde ait peur de lui.

4 Quelle était la réaction des Philistins lorsqu'ils apprenaient qu'on avait oint David pour roi sur Israël ? (5.17)

1, Ils s'envolaient à Philistie.

2, Ils se cachaient dans la colline de Moab.

3, Ils se mettaient tous en campagne à la recherche de David.

4, Les rois philistins sont allés à Jérusalem conclure un traité avec David.

5 Qu'a dit l'Eternel la première fois que David lui a demandé s'il devait attaquer les Philistins ? (5.19)

1, « Ne sorte pas maintenant. »

2, « Attaque les Philistins demain matin. »

3, « Attende une semaine, et ensuite tendes une embuscade aux Philistins. »

4, « Attaque-les ! Car je t'assure que je te donnerai la victoire sur les Philistins. »

6 Pourquoi David rassemblait-il les trente mille meilleurs guerriers d'Israël depuis Baalé-Juda ? (6.1-2)

1, Pour combattre les Philistins

2, Pour emmener le coffre à la montagne de Sinaï

3, Pour faire transporter de la maison d'Abinadab le coffre de Dieu

4, Pour aider à la construction du temple

7 Qui conduisaient le chariot avec le coffre au-dessus ? (6.3)

1, Nathan et Salomon

2, Ouzza et Ahyo

3, Hophni et Phinéas

4, Abinadab et Obed-Edom

8 Qu'a dit David après la mort d'Ouzza ? (6.9)

1, « Pourquoi l'Eternel a fait cela ? »

2, « Ouzza a péché. Il méritait la mort. »

3, « Comment oserais-je faire venir le coffre de l'Eternel chez moi ? »

4, « Je suis content que l'Eternel ne m'ait pas tué. »

9 Pourquoi David voulait-il faire transporter le coffre de Dieu de la maison d'Obed-Edom jusque dans la cité de David ? (6.12)

1, Il a vu comment Dieu a bénît la famille d'Obed-Edom.

2, Il voulait emmener le coffre dans la bataille.

3, Il voulait le coffre de Dieu pour la protection.

4, Toutes les réponses sont bonnes.

10 Complétez ce verset : « L'Eternel est mon berger : je ne manquerai de rien. Il me fait reposer dans des verts pâturages, Il me dirige près des eaux paisibles. Il restaure mon âme, il me conduit … » (Psaume 23.1-3)

1, « . . . dans des sentiers sûrs pour me protéger du mal. »

2, « . . . partout où il veut que j'aille. »

3, « . . . dans les sentiers de la justice, A cause de son nom. »

4, « . . . partout dans la terre qu'il avait promise. »

VÉRITÉ BIBLIQUE

Dieu est fidèle à son peuple.

CŒUR DE LA LEÇON

Dieu nous bénit quand nous cherchons à l'honorer. Il mérite notre louange et reconnaissance pour sa bonté et sa fidélité.

CONSEILS PÉDAGOGIQUES

Bien qu'il y avait des moments où la guerre était inévitable, le désir de Dieu est pour la paix. Dieu voulait un roi paisible pour bâtir sa maison. Voir 1 Chroniques 22.7-10 pour les détails.

COMMENTAIRE BIBLIQUE

Lisez 2 Samuel 7.1-29. David pensait que le coffre de Dieu devrait habiter dans une maison plutôt qu'au milieu d'une tente. Le coffre était le trône de Dieu, et Dieu était le roi suprême des Israélites. David voulait que Dieu reçoive un honneur qui serait plus grand que le sien.

Israël était un royaume établi. David avait l'intention de conduire Israël fidèlement selon les directives de Dieu. Une maison permanente pour le coffre de Dieu serait un signe pour les Israélites que David désire que la présence de Dieu soit permanente dans leurs vies.

Le désir de David d'honorer Dieu avait plut à Dieu. Et Dieu promit de donner plus de bénédictions à David. Cependant Dieu n'a pas permit à David de lui bâtir une maison. Dieu a préparé un fils pour David, Salomon, qui lui bâtirait la maison.

Dieu a promit de ne jamais retirer sa grâce de David et sa postérité. Dieu a promit à David qu'il affermirait pour toujours le trône de son royaume.

CARACTÉRISTIQUES DE DIEU

- Dieu est fidèle à ses promesses.
- Dieu mérite notre louange et reconnaissance pour sa bonté et fidélité.

PERSONNES

- **Nathan** était un prophète qui a donné à David beaucoup de messages de la part de Dieu.

CHOSES

- **Un palais de cèdre** était la maison que Hiram roi de Tyr avait bâtie pour David. Cèdre est un arbre qui pousse à une hauteur de 30 m. C'était parfait pour des grands travaux, parce que le bois ne pourrit pas.

- **Logeant dans le tabernacle** signifie, le tabernacle bâtit par les Israélites après leur sortie d'Egypte. Le tabernacle était compris d'une tente de toile. Le coffre de Dieu était à l'intérieur.

- **Constituer la dynastie de David** signifie que Dieu élèvera la postérité de David après lui.

ACTIVITÉ

Jouez un jeu de « Monsieur, puis-je ? » Demandez aux enfants de s'aligner derrière une ligne de départ. L'objective du jeu est d'atteindre la ligne d'arrivée dans le côté opposé de la salle. Pour faire cela les enfants doivent toujours se rappeler de demander la permission de l'enseignant avant d'exécuter ses ordres.

L'enseignant donnera l'ordre au premier enfant, tel que : « Faites deux grand pas. » L'enfant doit d'abord demander, « Monsieur, puis-je ? » Quand le Monsieur dira, « Oui, tu peux », l'enfant suivra l'ordre. Si l'enfant ne demande pas « Monsieur, puis-je ? » et avance, l'enfant doit revenir à la ligne de départ.

Continuez le jeu en donnant l'ordre à l'enfant suivant. Variez les ordres et le nombre de pas. Soyez créatif dans vos ordres, tel que: grand pas, petit pas, faites un pas en sautant, faites un pas en sautillant. Jouez au moins jusqu'à ce qu'un enfant atteigne la ligne d'arrivée, ou bien tous les enfants s'il y a assez de temps.

Dites : Vous avez écouté attentivement les ordres, et vous avez demandé ma permission avant de vous déplacer. Dans cette étude David voulait bâtir quelque chose pour Dieu. Vous apprendrez si Dieu lui avait donné la permission.

LEÇON BIBLIQUE

Préparez l'histoire suivante, adaptée de 2 Samuel 7.1-29, avant de la raconter aux enfants.

David s'installait dans son palais. L'Eternel lui avait accordé une existence paisible en le délivrant de tous ses ennemis à l'entour. Apres un peu de temps, David a dit à Nathan, un prophète, « Regarde ! J'habite dans un palais de cèdre, alors que le coffre de Dieu est installé au milieu d'une tente de toile. »

Nathan a répondu : « Va et réalise les projets qui te tiennent à cœur, car l'Eternel est avec toi. » Il a dit cela à David avant de consulter l'Eternel.

La nuit suivante, l'Eternel a adressé à Nathan : « Va dire à mon serviteur David : Voici ce que déclare l'Eternel : Tu veux me bâtir un temple où je puisse habiter ? Je n'ai jamais résidé dans un temple depuis le jour où j'ai fait sortir les Israélites d'Egypte jusqu'à aujourd'hui. J'ai cheminé sous une tente, logeant dans le tabernacle. Pendant tout ce temps où j'ai accompagné les Israélites, ai-je jamais dit à un seul des chefs d'Israël que j'avais établis pour diriger mon peuple : Pourquoi ne me bâtissez-vous pas un temple en bois de cèdre ? »

L'Eternel a dit à Nathan de dire à David : « Je t'ai soutenu dans toutes tes entreprises et je t'ai débarrassé de tous tes ennemis. Je te ferai un nom très glorieux comme celui des grands de la terre. J'attribuerai un territoire à mon peuple Israël où je l'implanterai pour qu'il puisse habiter chez lui. Je t'accorderai une existence paisible en te délivrant de tous tes ennemis. »

L'Eternel a promit aussi de constituer une dynastie pour David. Il a dit : « Quand le moment sera venu pour toi de rejoindre tes ancêtres décédés, j'établirai après toi l'un de tes propres descendants pour te succéder comme roi. » Dieu faisait le contraire de la demande de

David. David ne bâtira pas une maison à l'Eternel. Dieu créera plutôt une maison pour David.

L'Eternel a promit à David que ce serait son fils qui bâtirait un temple à son nom. L'Eternel a dit ceci à propos du fils de David : « Je serai pour lui un père, et il sera pour moi un fils. Je ne lui retirerai jamais ma faveur. Je rendrai stable pour toujours ta dynastie et ta royauté, et ton trône sera inébranlable à perpétuité. » Le soutien de Dieu pour David et ses descendants était inconditionnel. Dieu a aimé David et ses descendants, quelque soit leurs actes. Cependant Dieu rappelait à David que leurs actes auront toujours des conséquences. S'ils choisissent de désobéir à Dieu, leur relation avec Dieu ne va pas s'interrompre mais ils doivent s'attendre à une punition.

Nathan rapportait à David toutes les paroles de l'Eternel.

David a dit à l'Eternel : « Qui suis-je, et qu'est donc ma famille, pour que tu m'aies fait parvenir où je suis ? Voilà que tu fais encore à ton serviteur des promesses pour l'avenir lointain de sa dynastie. Seigneur Eternel, cela sied-il à un humain ? »

«Que tu es grand, Eternel Dieu ! Il n'y a personne comme toi, il n'existe pas d'autre Dieu que toi. Y a-t-il une seule nation sur terre qui soit comme Israël, ton people ? »

« Tu as établi ton peuple Israël comme ton peuple pour toujours ; et toi, Eternel, tu es devenu son Dieu. Maintenant donc, Eternel Dieu, veuille toujours tenir la promesse que tu as faite ; ainsi tu seras éternellement exalté. »

« Maintenant, Seigneur Eternel, c'est toi qui es Dieu, tes paroles sont vraies, et tu as promis ce bonheur à ton serviteur. C'est grâce à ta bénédiction que la dynastie de ton serviteur sera bénie à jamais ! »

Encouragez les enfants à répondre aux questions suivantes. Il n'ya pas de bonnes ou mauvaises réponses. Ces questions aideront les enfants à comprendre l'histoire et à la mettre en pratique dans leurs vies.

1. Pourquoi Dieu n'a pas demandé aux Israélites de lui bâtir une maison ?

2. Qu'est-ce que Dieu a dit qu'il a fait à David ? Pourquoi pensez-vous que Dieu a énuméré les choses qu'il a faites à David ?

3. Pourquoi pensez-vous que cela avait une grande importance pour David que Dieu allait bénir sa postérité ? Pourquoi David a eu ce sentiment d'humilité quand Dieu lui a parlé de sa maison pour les temps à venir ?

4. David a eu la victoire parce que Dieu était avec lui partout où il a marché. Qu'elle victoire Dieu vous a aidé à remporter ?

5. Comment Dieu a-t-il réalisé sa promesse en affermissant pour toujours le trône de l'un de la postérité de David ?

Dites, Avez-vous déjà fait quelque chose de bien à une personne pour exprimer votre reconnaissance et votre amour pour elle ? C'est ce que David voulait faire pour Dieu. Dieu a bénit David abondamment. David voulait que Dieu soit élevé au dessus de tous. David voulait bâtir un temple pour Dieu. Dieu avait d'autres projets pour la construction de son temple, mais l'attitude de David était agréable à Dieu.

Il ne vous faut pas faire des grandes choses pour plaire à Dieu. Nous sommes agréables à Dieu quand nous l'aimons et essayons de l'honorer.

VERSET À RETENIR

Répétez le verset à retenir. Vous en trouverez des suggestions à la page 131.

ACTIVITÉS SUPPLÉMENTAIRES

Choisissez parmi ces options pour améliorer l'étude biblique des enfants.

1, L'Eternel a dit à Nathan qu'il n'a point habité dans une maison depuis le jour où il a fait monter les enfants d'Israël hors d'Egypte jusqu'à ce jour. Lisez au sujet du coffre de l'alliance, la table, le chandelier, et le tabernacle en Exode 25.1-26.37. Demandez aux enfants de dessiner un ou plusieurs de ces choses.

2, L'Eternel dit qu'il rendra le nom de David grand comme le nom des grands qui sont sur la terre. Regardez dans le Nouveau Testament. **Combien de fois voyez-vous le nom de David ?** Voici quelques exemples : Matthieu 1.1-17, Matthieu 1-20, Luc 1.32, Luc 2.4, Luc 2.11, et Luc 3-31. **Qu'est qui fait que le nom de David soit répété dans le nouveau testament ? Cela représente quoi à propos de la promesse de Dieu à David ?**

QUESTIONS D'ESSAI POUR LE CONCOURS ÉLÉMENTAIRE

Pour préparer les enfants au concours, lisez pour eux 2 Samuel 7.1-29.

1 Qu'a dit David à Nathan lorsqu'il s'est installé dans son palais ? (7.1-2)

1, « Apportez le coffre de Dieu dans ma maison. »

2, « J'habite dans un palais de cèdre, alors que le coffre de Dieu est installé au milieu d'une tente de toile. »

3, Les deux réponses sont bonnes.

2 D'où Dieu a cherché David pour faire de lui chef d'Israël ? (7.8)

1, Dans le palais

2, Dans les pâturages

3, Dans le temple

3 Qu'est-ce que le Seigneur a dit qu'il fera de David ? (7.9)

1, Il rendra le nom de David glorieux.

2, Il donnera à David une grande richesse.

3, Les deux réponses sont bonnes.

4 Qu'est-ce que l'Eternel a dit qu'il constituerait pour David ? (7.11)

1, Un temple

2, Un pays de serviteurs

3, Une dynastie

5 Qui l'Eternel a dit qu'il bâtirait une maison à son nom ? (7.12-13)

1, David

2, Un descendant de David

3, Le fils de Jonathan

6 Qu'est-ce que l'Eternel a dit qu'il ne se retirerait point du descendant de David ? (7.15)

1, Une grande richesse

2, Un grand pouvoir

3, La faveur de Dieu

7 Quelle était la réaction de David quand Nathan lui rapportait toutes les paroles de l'Eternel ? (7.18)

1, Il allait se placer devant l'Eternel.

2, Il quittait le palais et allait au pâturage.

3, Il s'envolait en Philistie.

8 Comment David décrit la grandeur de Dieu ? (7.22)

1, « Que tu es grand, Eternel Dieu ! »

2, « Il n'y a personne comme toi, il n'existe pas d'autre Dieu que toi. »

3, Les deux réponses sont bonnes.

9 Selon David, qu'est-ce que Dieu a fait pour Israël ? (7.23-24)

1, Il est allé les libérer pour en faire son people.
2, Il a établi son peuple Israël comme son peuple pour toujours.
3, Les deux réponses sont bonnes.

10 Complétez ce verset : « Quand je marche dans la vallée de l'ombre de la mort, je ne crains aucun mal, car tu es avec moi : Ta houlette … » (Psaume 23.4)

1, « . . . et ta main, ils me protègent. »
2, « . . . et ton bâton me rassurent. »
3, « . . . est un rappel de ton pouvoir. »

QUESTIONS D'ESSAI POUR LE CONCOURS SUPÉRIEUR

Pour préparer les enfants au concours, lisez pour eux 2 Samuel 7.1-29.

1 Quand David parlait à Nathan à propos du coffre de Dieu, quelle était la réponse de Nathan à David ? (7.3)

1, « Va et réalise les projets qui te tiennent à cœur, car l'Eternel est avec toi. »
2, « Ne t'inquiète pas pour le coffre de Dieu. »
3, « Transporte le coffre dans la maison d'Abinadab. »
4, « Honore toujours le coffre de Dieu. »

2 Où est-ce que Dieu a dit qu'il a cheminé depuis le jour où il a fait sortir les Israélites d'Egypte ? (7.5-6)

1, Dans le Palais
2, A Canaan
3, Dans une maison
4, Sous une tente

3 Qu'est-ce que Dieu a dit qu'il a fait pour David ? (7.8-9)

1, « Je suis allé te chercher dans les pâturages pour faire de toi le chef de mon peuple. »
2, « Je t'ai soutenu dans toutes tes entreprises. »
3, « Je t'ai débarrassé de tous tes ennemis. »
4, Toutes les réponses sont bonnes.

4 Qu'est-ce que Dieu a promit d'attribuer à son peuple ? (7.10)

1, De la nourriture et de l'eau
2, Un territoire où ils puissent habiter sans être inquiétés et opprimés.
3, Des richesses et du pouvoir
4, Des maisons

5 Selon Dieu, qui ne va plus opprimer Israël ? (7.10)

1, Les enfants de Saül
2, D'autres rois
3, Les hommes méchants
4, Les enfants de David

6 Qui Dieu a dit qu'il établirait après David ? (7.11-12)

1, Un descendant de David
2, Le petit fils de Saül
3, Le fils de Jonathan
4, Le neveu de David

7 Qu'a dit Dieu qu'il ferait si le descendant de David fait mal ? (7.14)

1, Dieu va retirer son amour sur lui.
2, Dieu se servirait d'hommes pour le corriger.
3, Dieu lui dira de ne plus être roi.
4, Toutes les réponses sont bonnes.

8 Qu'est-ce que Dieu a dit que seront stable pour toujours, et inébranlable à perpétuité ? (7.16)

1, La dynastie de David, sa royauté, et son trone

2, Le temple qui sera construit par le descendant de David.

3, Son peuple Israël.

4, Le tabernacle.

9 Que demandait David à Dieu après que Nathan lui ait rapporté toutes les paroles de l'Eternel ? (7.18-19)

1, « O Seigneur, pourquoi ne me permets-tu pas de bâtir un temple pour toi ? »

2, « O, Seigneur, combien de temps serai-je roi ? »

3, « Pourquoi as-tu parlé à Nathan et pas à moi ? »

4, « Seigneur Eternel, qui suis-je et qu'est donc ma famille, pour que tu m'aies fait parvenir où je suis ? »

10 Que demandait David à l'Eternel de tenir ? (7.25)

1, L'or d'Israël

2, Sa promesse

3, Toute la nourriture d'Israël

4, Le coffre de l'alliance

VERSET À RETENIR

« Tu dresses devant moi une table, En face de mes adversaires ; Tu oins d'huile ma tête, Et ma coupe déborde. Oui, le bonheur et la grâce m'accompagneront tous les jours de ma vie, Et j'habiterai dans la maison de l'Eternel jusqu'à la fin de mes jours » (Psaumes 23.5-6).

VÉRITÉ BIBLIQUE

Dieu tient sa promesse, et il veut que les gens tiennent leurs promesses.

CŒUR DE LA LEÇON

Avec cette étude, les enfants apprendront que c'est important de tenir leurs promesses. Dieu attend qu'on tienne ses promesses.

CONSEILS PÉDAGOGIQUES

Une promesse est un vœu qu'une personne fait à l'autre. Malheureusement beaucoup d'enfants ont connus des promesses non réalisées faites par les adultes. Quand un adulte ne réalise pas une promesse faite à l'enfant, l'enfant se sent souvent complètement anéanti. Si un enfant continue à vivre des promesses non réalisées, il ou elle peut douter que Dieu peut réaliser ses promesses.

Soyez un modèle positif pour les enfants dans votre classe. Présentez qui veut dire, promettre et réaliser une promesse. Faites remarquer que David a rappelé sa promesse à Jonathan, et l'a réalisée. Rappelez aux enfants que Dieu tient toujours ses promesses.

ÉTUDE 19

2 SAMUEL 9.1-13

COMMENTAIRE BIBLIQUE

Lisez 2 Samuel 9.1-13. Dieu était fidèle à l'accord qu'il avait fait aux Israélites. Même quand les Israélites n'étaient pas fidèles, Dieu gardait continuellement ses promesses.

David combattu contre Saül pour prendre contrôle de tous les tribus israélites. David avait le pouvoir de punir tous les membres vivants de la famille de Saül. Certains rois ont fait cela pour empêcher qu'un des membres vivant de l'ancienne famille royale puisse contester le royaume en place.

Toutefois David faisait un accord de loyauté avec Jonathan pendant que Jonathan était encore en vie. David choisissait d'honorer cet accord en entretenant le fils de Saül, Mephibocheth. David prenait un risque en permettant à un membre de la famille de Saül de vivre.

Les actes de David envers Mephibocheth montraient que David choisissait de diriger de telle manière qu'il plaisait à Dieu. David était l'homme qui correspondait aux désirs de l'Eternel. David tenait sa promesse à Jonathan.

CARACTÉRISTIQUES DE DIEU

- Toutes personnes importent à Dieu, et il veut qu'ils nous importent aussi.
- Dieu tient ses promesses, et il veut que nous tenions nos promesses.

PERSONNES

- **Jonathan** était le fils ainé du roi Saül.
- **Tsiba** était un serviteur du roi Saül.

- **Mephibocheth** était le fils de Jonathan et le petit-fils de Saül.

CHOSES

- **Un chien mort** est une vieille expression qui était courante dans la bible. Elle exprimait la plus extrême humiliation de soi. C'était aussi une forme d'insulte.

ACTIVITÉ

Organisez les enfants dans des groupes de trois. Indiquez une ligne de départ et une ligne d'arrivée pour cette course. Dans chaque groupe, deux enfants serviront comme des personnels soignants, et un enfant sera le blessé. Les deux personnels soignants vont créer un chariot avec leurs bras pour transporter le blessé.

Familiarisez-vous avec les expressions suivantes pour que vous puissiez démontrer les actes.

Chargez les personnels soignants de se regarder l'un l'autre. Demandez aux enfants d'étendre leurs bras droits devant eux. Ensuite demandez-leur de courber le bras gauche et de saisir le coude de leurs bras droits. Les deux personnels soignants saisiront ensuite le bras gauche de leurs partenaires avec leurs mains droites. Avec leurs mains, ceci formera un carré et servira de chariot pour le blessé. Les personnels soignants se baisseront pour que le blessé s'asseye sur le chariot.

Dites, **quand je vous dirai de commencer, chaque équipe formera un chariot et transportera son coéquipier à la ligne d'arrivée. Alors l'équipe fera demi-tour et retournera à la ligne de départ. Le blessé doit restera équilibré sur le chariot, jusqu' à ce que l'équipe rentre à la ligne de départ. Si le blessé tombe, ou si le chariot se casse, l'équipe doit recommencer à la ligne de départ.**

Conduisez l'équipe plusieurs fois pour que chaque enfant ait l'opportunité d'être le blessé.

Dites, **c'était amusant de faire semblant que nous fussions personnes soignants et blessés. Quand quelqu'un est blessé ou est dans le besoin, nous l'aidons. Aujourd'hui nous apprendrons au sujet de quelqu'un qui avait besoin de l'aide et au sujet de quelqu'un qui a peut-être risqué sa carrière et sa vie pour lui apporter son aide.**

LEÇON BIBLIQUE

Préparez l'histoire suivante, adaptée de 2 Samuel 9.1-13, avant de la raconter aux enfants.

David demandait : « Reste-t-il encore quelqu'un de la famille de Saul ? Je voudrais lui témoigner ma faveur comme je l'ai promis devant Dieu. »

Il y avait un serviteur de la maison de Saül nommé Tsiba, que l'on a fait venir auprès de David. Le roi David lui demandait s'il y avait encore quelqu'un de la famille de Saül.

Tsiba a répondu au roi : « Il existe encore un fils de Jonathan qui a les deux jambes estropiées. » Ainsi le roi David envoyait chercher le fils de Jonathan.

Quand Mephibocheth, fils de Jonathan, est venu auprès de David, il tombait sur sa face et se prosternait. David a dit à Mephibocheth de ne pas craindre. David lui rassurait qu'il userait envers Mephibocheth de la bonté de l'Eternel, à cause de Jonathan. David a promit de rendre à Mephibocheth toutes les terres de Saül, son grand-père, et qu'il mangerait toujours à la table du roi, pour le restant de ses jours.

Mephibocheth s'est prosterné, et a dit : « Qu'est donc ton serviteur pour que tu t'intéresses à lui ? Je ne vaux pas plus qu'un chien mort. »

David a dit à Tsiba : « Tout ce qui appartenait à Saül et à toute sa famille, je le donne au petit-fils de ton maître. Toi, tes fils et tes serviteurs, vous cultiverez ses terres pour lui et tu apporteras ce que vous récolterez pour assurer l'entretien du fils de ton maître. »

Tsiba a répondu à David : « Ton serviteur fera tout ce que le roi mon seigneur lui a ordonné. »

Ainsi Mephibocheth et son jeune fils Mica habitaient à Jérusalem, et tous ceux qui demeuraient dans la maison de Tsiba étaient serviteurs de Mephibocheth. Tsiba avait quinze fils et vingt serviteurs. Depuis ce temps-là Mephibocheth mangeait toujours à la table du roi.

Encouragez les enfants à répondre aux questions suivantes. Il n'ya pas de bonnes ou mauvaises réponses. Ces questions aideront les enfants à comprendre l'histoire et à la mettre en pratique dans leurs vies.

1, Lisez 1 Samuel 20.14-15, 42. Pourquoi David a voulu aider le fils de Jonathan ?

2, Si vous étiez Mephibocheth, quelles auraient été vos sentiments, à l'invitation de rencontrer le roi ? Pourquoi Mephibocheth avait-il peur ?

3, Pourquoi Mephibocheth était-il surpris de l'aide de David ?

4, Qu'a promit David de faire à Mephibocheth ?

Dites : Avez-vous déjà fait une promesse ? Ce n'est pas toujours facile de tenir une promesse. Il y a longtemps, David et Jonathan ont fait un accord d'amitié. David tenait sa promesse à Jonathan en s'occupant de Mephibocheth.

David faisait un bon choix en tenant ses promesses. Dieu tient ses promesses, et il compte sur nous pour tenir nos promesses.

VERSET À RETENIR

Répétez le verset à retenir. Vous en trouverez des suggestions à la page 131.

ACTIVITÉS SUPPLÉMENTAIRES

Faites un choix à partir de ces options pour améliorer l'étude biblique des enfants.

1, Typiquement, comment pensez-vous qu'un roi traitait les descendants du roi précédent ? En quoi étaient les actes de David différent ?

2, Aujourd'hui nous avons appris au sujet d'un acte compatissant que David posait au fils de Jonathan. Quels sont certains moyens que nous pouvons utiliser pour aider les personnes que nous connaissons qui sont dans le besoin ? Choisissez une ou deux idées pratiques pour que les enfants s'y mettent. Aidez les enfants à créer un projet et mettez leur projet en pratique.

QUESTIONS D'ESSAI POUR LE CONCOURS ÉLÉMENTAIRE

Pour préparer les enfants pour le concours, lisez-les 2 Samuel 9.1-13.

I Qui a dit : « Reste-t-il encore un survivant de la famille de Saül? J'aimerais lui témoigner ma faveur par amitié pour Jonathan. » ? (9.1)

1, Saül
2, Tsiba
3, David

2 Qui était serviteur de la maison de Saul ? (9.2)

1, Tsiba
2, Mica
3, Mephibocheth

3 Que demandait David à Tsiba ? (9.3)

1, « Combien de serviteurs et fils avez-vous ? »

2, « Reste-t-il encore quelqu'un de la famille de Saül ? Je voudrais lui témoigner ma faveur comme je l'ai promis devant Dieu. »

3, « Depuis combien de temps êtes-vous serviteur de Saul ? »

4 Comment Tsiba décrivait le fils de Jonathan ? (9.3)

1, « Il est travailleur. »

2, « Il est méchant envers les serviteurs. »

3, « Il a les deux jambes estropiées. »

5 Quel était le nom du fils de Jonathan ? (9.6)

1, Mephibocheth

2, Hophni

3, Eliab

6 Qui était le père de Mephibocheth ? (9.6)

1, Tsiba

2, Jonathan

3, Saül

7 Qui a dit : « Qu'est donc ton serviteur pour que tu t'intéresses à lui ? Je ne vaux pas plus qu'un chien mort. » ? (9.8)

1, Tsiba

2, Mica

3, Mephibocheth

8 Combien de fils et serviteurs avait Tsiba ? (9.10)

1, 10 fils et 15 serviteurs

2, 15 fils et 20 serviteurs

3, 20 Fils et 15 serviteurs

9 Qui était le fils de Mephibocheth ? (9.12)

1, Mica

2, Jonathan

3, Tsiba

10 Pourquoi Mephibocheth habitait à Jérusalem ? (9.13)

1, Sa famille habitait là-bas.

2, Il mangeait toujours à la table du roi.

3, Il a grandit là-bas.

QUESTIONS D'ESSAI POUR LE CONCOURS SUPÉRIEUR

Pour préparer les enfants pour le concours, lisez-les 2 Samuel 9.1-13.

1 David qu'a-t-il voulu témoigner à quelqu'un de la famille de Saul ? (9.1)

1, Faveur

2, Haine

3, Jalousie

4, Ressentiment

2 Pourquoi David a-t-il voulu témoigner sa faveur à quelqu'un de la famille de Saül ? (9.1)

1, Ainsi les gens aimeront David

2, Ainsi les gens aimeront Saül

3, Par amitié pour Saül

4, Par amitié pour Jonathan

3 Qu'a dit Tsiba quand David demandait si quelqu'un de la famille de Saül était vivant ? (9.3)

1, « Il existe encore un fils de Jonathan. »

2, « Il existe encore un frère de Saül. »

3, « Tous les petits-fils de Saül sont vivants. »

4, « Personne de la maison de Saül n'est vivant. »

4 Où était Mephibocheth quand David le demandait au début ? (9.4)

1, Dans la maison d'Abinadab à Bethel

2, Dans la maison de Makir à Lodebar

3, Dans la maison d'Obed-Edom à Jérusalem

4, Dans la maison de Saül à Guibea

5 Qu'a fait Mephibocheth au départ quand il se présentait auprès de David ? (9.6)

1, Mephibocheth s'est assis à la table de David pour manger.

2, Mephibocheth s'inclinait face contre terre et se prosternait.

3, Mephibocheth jouait de la harpe pour David.

4, Toutes les réponses sont bonnes.

6 Quelles promesses donnait David à Mephibocheth ? (9.7)

1, David le traitera avec faveur par amitié pour son père Jonathan.

2, David lui rendrai toutes les terres de Saul.

3, David lui permettait de prendre tous ses repas à sa table.

4, Toutes les réponses sont bonnes.

7 Qu'a dit David à Tsiba de faire pour Mephibocheth ? (9.9-10)

1, « Cultive ses terres pour lui et apporte ce que tu récolteras. »

2, « Fais-lui rester dans ta maison. »

3, « Donne-lui de l'argent chaque mois. »

4, Toutes les réponses sont bonnes.

8 Qu'a dit Tsiba quand David lui a demandé de cultiver les terres de Mephibocheth ? (9.11)

1, « Cela va demander beaucoup de travail. Nous ne pouvons pas le faire. »

2, « J'engagerai plus de serviteurs pour Mephibocheth. »

3, « Ton serviteur fera tout ce que le roi mon seigneur lui a ordonné. »

4, « Je ne serai seulement en mesure de le faire que pendant trois ans. »

9 Qui étaient serviteurs de Mephibocheth ? (9.12)

1, Tsiba seulement

2, Mica et ses fils

3, Les serviteurs de David

4, Tous ceux qui demeuraient chez Tsiba

10 Complétez ce verset : « Tu dresses devant moi une table, En face de mes adversaires ; Tu oins d'huile ma tête, Et ma coupe déborde. Oui, le bonheur et la grâce … » (Psaumes 23.5-6)

1, « … m'accompagneront tous les jours de ma vie, Et j'habiterai dans la maison de l'Eternel jusqu'à la fin de mes jours. »

2, « … couleront sur moi toute ma vie, Et je resterai avec l'Eternel pour toujours. »

3, « … viendront de l'Eternel, Et je suivrai ses voies tous les jours de ma vie. »

4, « … m'accompagneront pour toujours, Et je chercherai la parole de l'Eternel dans sa maison. »

VERSET À RETENIR

« O Dieu ! Crée en moi un cœur pur, Renouvelle en moi un esprit bien disposé. »
(Psaumes 51.12)

VÉRITÉ BIBLIQUE

Dieu punit le péché mais il pardonne et rétablit ceux qui se repentent.

CŒUR DE LA LEÇON

Dieu ne nous protège pas par rapport aux conséquences de nos péchés, mais il nous pardonne quand nous nous repentons.

CONSEILS PÉDAGOGIQUES

Informez les parents des enfants que cette leçon parle de David et Bath-Chéba. Envisagez d'inviter les parents à participer à la leçon avec leurs enfants. Si les enfants soulèvent des questions au sujet de l'adultère ou de la grossesse de Bath-Chéba, ayez des réponses brèves et terre à terre. Si les enfants ont plus de questions, encouragez-les à interroger leurs parents.

2 SAMUEL 11.1-17, 26-17; 12.1-10, 13-25

COMMENTAIRES BIBLIQUES

Lisez 2 Samuel 11.1-17, 26-17; 12.1-10, 13-25. C'était une chose courante pour les armées en provenance d'une guerre de se reposer pendant l'hiver. Quand le printemps arrivait et les conditions météorologiques s'amélioraient, les combats reprenaient. Typiquement les rois conduisaient leurs armées en guerre. Cependant, cette fois, David envoyait ses soldats dans la bataille sans qu'il soit lui-même en tête de cette armée.

David a fait des choix qui n'ont pas honorés Dieu. David n'est pas parvenu à résister à la tentation, et il commettait l'adultère et le meurtre. Dieu envoyait Nathan le prophète pour confronter David au sujet des choix que David a faits.

Quand Nathan se retrouva devant David, David se repentait des choix qu'il avait faits. Dieu acceptait la repentance de David et le pardonnait. Toutefois, Dieu punissait toujours David de ses actes. David et ses descendants ressentaient les conséquences de la punition de David. Nathan a dit à David que le premier fils de David et Bath-Chéba mourra.

La mort de cet enfant était un exemple pour les Israélites que les rois aussi étaient responsables de leurs actes. David montrait la profondeur de sa repentance en jeûnant et priant. Il savait que le jugement de Dieu était miséricordieux et juste. Dieu donnait à David et Bath-Chéba un autre fils et ils l'appelaient Salomon. Dieu a fait savoir à Nathan que ce fils devrait aussi s'appeler Yedidya, ce qui signifiait 'Bien-aimé de Dieu.' Par la repentance de David, Dieu montrait à David sa miséricorde, et Dieu rétablissait leurs relations.

CARACTÉRISTIQUES DE DIEU

• Dieu ne nous protège pas par rapport aux conséquences de nos péchés.

- Dieu nous pardonne quand nous nous repentons.

PAROLES DE NOTRE FOI

- **Se repentir** c'est, se détourner du péché et tourner vers Dieu. Ceci signifie que, celui qui se repent regrette le péché, demande pardon, et prends la décision de vivre pour Dieu.

PERSONNES

- **Bath-Chéba** était la femme d'Urie.
- **Urie le Hittite** était le mari de Bath-Chéba.
- **Salomon** était le deuxième fils de David et Bath-Chéba, qui devint ensuite roi d'Israël.
- **Yedidya** était le nom que Dieu donnait à Salomon lors de sa naissance, qui signifie « aimé de l'Eternel. »

CHOSES

- **Une brebis** est une femelle d'un agneau.
- **Jeûner**, c'est se priver de quelque chose pour un temps, d'habitude la nourriture, afin de prier et de se concentrer pour Dieu.

ACTIVITÉ

Pour cette activité vous aurez besoin des choses suivantes :

- Deux petits récipients avec couvercles
- De la boue
- Du savon
- Un tissu mouillé

Avant que les enfants n'arrivent, remplissez un récipient d'eau propre. Remplissez le deuxième récipient de la boue. Enduisez l'extérieure du deuxième récipient de la boue.

Placez les récipients, savon, et tissu sur une table. Dites : **Je veux que le sale récipient soit aussi propre que le récipient d'eau.** Laissez le soin à un volontaire de laver le sale récipient en utilisant le savon et le tissu. Posez la question : **Y a-t-il un récipient propre maintenant ?** Ouvrez le couvercle et montrez à la classe l'intérieur du récipient. Dites, **Nous avons nettoyé l'extérieur du récipient, mais l'intérieur est toujours sale.**

Dites : **Nous sommes tous nés dans un monde de péché et nous péchons tous. Nous essayons de nettoyer l'extérieur. Avec nos propres efforts, nous ne pouvons pas nettoyer l'intérieur. Seul Dieu peut le faire ! Il le fait quand nous nous repentons de nos péchés.**

Dites : **Nous allons étudier l'histoire d'un homme qui semblait propre extérieurement, mais n'était pas propre intérieurement.**

LEÇON BIBLIQUE

Préparez l'histoire suivante, adaptée de 2 Samuel 11.1-17, 26-27; 12.1-10, 13-25, avant de la raconter aux enfants.

Au printemps, d'habitude quand les rois vont en guerre, David restait à la maison. Il envoyait Joab en guerre.

Quand David se trouvait sur le toit, il a aperçu une femme qui se laver. Et cette femme était Bath-Chéba la femme d'Urie. David envoyait des gens pour la chercher. Bath-Chéba se présentait au palais et David couchait avec elle. Plus tard elle faisait savoir à David qu'elle était enceinte et que David était le père de son enfant.

David essayait de cacher le mal qu'il avait fait en ordonnant à Urie de descendre dans sa maison à son retour de la guerre. David saluait Urie, puis lui a dit d'aller chez lui. David espérait qu'arrivé dans sa maison, Urie couchera avec Bath-Chéba, ainsi Urie paraîtrait sans doute comme étant le père de l'enfant. S'il en était ainsi, donc personne ne pourrait accuser David d'être le père de l'enfant.

Mais Urie n'est pas descendu dans sa maison. Il restait plutôt à la porte de la maison royale avec tous les serviteurs. David posait la question à Urie de savoir pourquoi il n'est pas allé dans sa maison. Urie répondait : « Je ne pouvais pas descendre dans ma maison alors que le coffret de l'Eternel et tous les serviteurs de mon seigneur son loin en guerre. » Urie montrait son profond attachement à l'Eternel, et demeurait discipliné. Il était fidèle dans le respect au Seigneur en évitant les plaisirs jusqu'à la fin de la guerre.

David a dit à Urie de rester un jour de plus. Ce soir là David devenait si désespéré de cacher son péché qu'il enivrait Urie. Mais encore, Urie restait avec les serviteurs, et il n'était pas descendu dans sa maison.

Alors David écrivait une lettre à Joab, et l'envoyait par la main d'Urie. La lettre disait : « Placez Urie au plus fort du combat, et retirez-vous de lui, afin qu'li soit frappé et qu'il meure aux mains de l'ennemi. »

Joab exécutait les ordres de David. Il plaçait Urie contre les soldats les plus forts de l'armée de l'ennemi. Plusieurs tombaient parmi les serviteurs de David, et Urie était aussi tué.

Bath-Chéba pleurait Urie. Puis David la recueillait dans sa maison. Elle est devenue sa femme, et lui enfantait un fils. David croyait qu'il avait réussi à cacher son péché. Mais le péché de David déplaisait à l'Eternel.

L'Eternel envoyait un prophète nommé Nathan vers David. Nathan racontait à David une histoire qui parle d'un homme riche et un pauvre. Le riche avait des brebis et des bœufs en très grand nombre. Le pauvre n'avait rien du tout qu'une petite brebis. L'homme riche voulait préparer un repas. Et le riche n'a pas voulu toucher à ses brebis ou à ses bœufs, donc il a prit la brebis du pauvre.

La colère de David s'enflammait violemment contre cet homme. David a dit à Nathan que l'homme riche méritait la mort. Et Nathan a répondu à David : « Tu es cet homme là ! »

David a dit : « J'ai péché contre l'Eternel. » David n'a pas nié ce qu'il a fait ou trouvé une excuse. Il confessait immédiatement son péché. Par conséquent, Dieu répondait sans tarder à David et le pardonnait.

Nathan a répondu : « L'Eternel a pardonné ton péché. Tu ne mourras pas. Mais le fils qui t'est né mourra. » David paiera les conséquences de son péché.

Apres Nathan retournait dans sa maison, l'enfant tombait malade. David pria Dieu pour l'enfant. David jeûnait et priait, espérant que Dieu changera les conséquences. Mais le septième jour, l'enfant est mort.

Après la mort de l'enfant, David arrêta de pleurer. Il accepta la réalité de la mort de son enfant. Il allait dans la maison de l'Eternel et se prosternait. Il reprenait sa vie normale.

Plus tard David et Bath-Chéba avaient un autre fils, qu'ils appelaient Salomon, et qui était aimé de l'Eternel. L'Eternel dit à Nathan de dire à David de donner à l'enfant le nom de Yedidya, qui signifie 'Bien-aimé de l'Eternel.'

Encouragez les enfants à répondre aux questions suivantes. Il n'ya pas des bonnes ou mauvaises réponses. Ces questions aideront les enfants à comprendre l'histoire et à la mettre en pratique dans leurs vies.

1, Pourquoi l'auteur a mentionné que David n'était pas allé en guerre ? Pourquoi pensez-vous que David est resté à la maison ?

2, Comment David a-t-il essayé de cacher son péché avec Bath-Chéba ?

3, Opposez David et Urie. De quoi se différent-ils l'un de l'autre ?

4, David, qu'a-t-il répondit quand Nathan lui disait : « Tu es cet homme là ? » Que répondras-tu si quelqu'un te disait que tu as péché ?

5, David, qu'a-t-il fait pendant que son fils était malade ? Qu'a-t-il fait quand son fils est mort ? Qu'est-ce-que cela représente par rapport à sa relation avec Dieu ?

6, L'Eternel dit à Nathan de donner à Salomon le nom de Yedidya, qui signifie 'Bien-aimé de Dieu.' Pourquoi l'Eternel a voulu que Salomon s'appelle ainsi ?

Dites : Savez-vous, que signifie la tentation ? La tentation est tout ce qui vous conduit à vouloir désobéir à Dieu. Êtes-vous déjà soumis à une tentation ? Ton péché a-t-il fait mal aux gens à certains égards ?

Le roi David était tenté à commettre l'adultère. Il a prit la femme d'Urie, et il s'est arrangé pour tuer Urie. Quand Nathan confrontait David, David se repentait. David demandait à Dieu de lui pardonner, et David faisait une promesse de vivre pour Dieu. Quand David péchait, David s'est fait mal. A cause de ce péché, les gens autour de lui aussi se sont fait mal. Son péché déplaisait à Dieu. Le péché a détruit la relation avec Dieu et avec les autres. La bonne nouvelle est que, si nous nous repentons, Dieu nous pardonnera comme il a pardonné David.

VERSET À RETENIR

Répétez le verset à retenir. Vous en trouverez des suggestions à la page 131.

ACTIVITÉS SUPPLÉMENTAIRES

Choisissez parmi ces options pour améliorer l'apprentissage des enfants.

1, Comparez et opposez la parabole de Nathan sur la brebis du pauvre avec les trois paraboles de Jésus dans Luc 15. A qui Jésus s'adressait-il dans ses paraboles ? Faites un résumé de la signification de chaque parabole. Faites aussi un résumé de la signification de la parabole que Nathan racontait dans 2 Samuel 12.1-10.

2, Faites la révision de 1 Samuel 15.1-35. Samuel confrontait Saul au sujet de son péché. Qu'a-t-il répondu, Saul ? Nathan confrontait David au sujet de son péché. Qu'a répondu David ? Comment David a-t-il arrêté le cycle du péché dans sa vie ?

QUESTIONS D'ESSAI POUR LE CONCOURS ÉLÉMENTAIRE

Pour préparer les enfants au concours, lisez pour eux 2 Samuel 11.1-17, 26-27; 12.1-10, 13-25.

1 Qui était le mari de Bath-Chéba ? (11.3)

1, Urie
2, Nathan
3, Saül

2 A quel endroit Urie passait la nuit à son retour de la guerre ? (11.9, 13)

1, A l'entrée du palais royal
2, Dans sa maison
3, Une nuit dans le palais royal et une nuit dans sa propre maison

3 Que disait la lettre que David envoyait par la main d'Urie ? (11.15)

1, « Placez Urie en première ligne, là où le combat est le plus rude. »
2, « Retirez-vous en arrière pour qu'il soit touché et qu'il meure ! »
3, Les deux réponses sont bonnes.

4 Qu'a fait Bath-Chéba en apprenant la mort d'Urie ? (11.26)

1, **Elle prenait le deuil pour lui.**

2, Elle quitta Jérusalem.

3, Les deux réponses sont bonnes.

5 Dans l'histoire que Nathan racontait à David, qu'avait le pauvre ? (12.3)

1, **Une petite brebis**

2, Une grande maison

3, Beaucoup d'enfants

6 Avec qui Nathan comparait l'homme riche dans l'histoire ? (12.7)

1, **David**

2, Saül

3, Urie

7 Qu'a fait David quand son fils tombait malade ? (12.15-16)

1, **David implorait Dieu en sa faveur et il jeûnait.**

2, Il dormait jour et nuit.

3, Il louait l'Eternel.

8 Quelle était la réaction de David quand il a appris la nouvelle de la mort de son fils ? (12.20)

1, Il jeûnait et pleurait.

2, **Il s'est rendu au sanctuaire de l'Eternel et s'est prosterné devant lui.**

3, Il organisait un festin en l'honneur de son fils.

9 Comment David et Bath-Chéba appelaient leurs deuxième fils ? (12.24)

1, Saül

2, **Salomon**

3, Jonathan

10 Complétez ce verset : « O Dieu ! Crée en moi un cœur pur, Renouvelle ... » (Psaumes 51.12)

1, « . . . un engagement de foi avec les gens. »

2, « . . . un esprit paisible pour moi. »

3, **« . . . en moi un esprit bien disposé. »**

QUESTIONS D'ESSAI POUR LE CONCOURS SUPÉRIEUR

Pour préparer les enfants au concours, lisez pour eux 2 Samuel 11.1-17, 26-27; 12.1-10, 13-25.

1 Où se trouvait David quand Joab et l'armée étaient en guerre ? (11.1)

1, Guilgal

2, Guibea

3, **Jérusalem**

4, Hébron

2 Pendant qu'il était en Jérusalem et son armée était en guerre, David a envoya des messagers pour aller chercher quelle femme ? (11.4)

1, **Bath-Chéba**

2, Mikal

3, Abigaïl

4, Ruth

3 Qu'a dit Urie quand David lui demandait la raison pour laquelle il n'a pas dormi dans sa maison ? (11.10-11)

1, « Le coffre sacré, Israël et Juda logent sous des tentes. »

2, « Mon général Joab et ses officiers couchent en rase campagne. »

3, « Aussi vrai que tu es vivant, je te jure que je ne ferai jamais pareille chose. »

4, **Toutes les réponses sont bonnes.**

4 **Qu'a fait Bath-Chéba quand les jours de deuil de son mari étaient passés ? (11.27)**

1, **Elle est devenue la femme de David et lui donnait un fils.**
2, Elle est quittée Jérusalem.
3, Elle se sauvait à Rama.
4, Toutes les réponses sont bonnes.

5 **Dans l'histoire que Nathan racontait à David, comment le pauvre traitait sa brebis ? (12.3)**

1, Il l'a élevé.
2, Elle grandissait auprès de ses enfants.
3, Elle mangeait de son pain.
4, **Toutes les réponses sont bonnes.**

6 **Dans l'histoire que Nathan racontait à David, l'homme riche qu'a-t-il retiré du pauvre ? (12.4)**

1, **Sa brebis**
2, Son enfant
3, Sa récolte
4, Sa maison

7 **Qu'avait dit David quand il écoutait l'histoire de Nathan ? (12.5)**

1, « Amenez-moi cet homme. »
2, « Apportez une autre brebis au pauvre. »
3, **« Aussi vrai que l'Eternel est vivant, l'homme qui a fait cela mérite la mort ! »**
4, « Donnez au pauvre mille moutons. »

8 **Qu'a dit David après que Nathan lui a fait des reproches ? (12.13)**

1, « Pourquoi me faites-vous des reproches ? »
2, « Je n'ai rien fait de mal. »
3, **« J'ai péché contre l'Eternel. »**
4, « Laissez-moi tranquille. »

9 **Qu'a dit Nathan à David après la confession de son péché ? (12.13-14)**

1, « L'Eternel a passé sur ton péché. »
2, « Tu ne mourras pas. »
3, « Le fils qui t'est né mourra. »
4, **Toutes les réponses sont bonnes.**

10 **Pourquoi Dieu a-t-il voulu que David et Bath-Chéba appellent leur deuxième fils Yedidya ? (12.24-25)**

1, L'Eternel n'a pas aimé le nom de Salomon.
2, L'Eternel savait que l'enfant serait roi.
3, **L'Eternel l'a aimé.**
4, Le nom du père de David était Yedidya.

Versets à retenir

Les versets suivants sont les versets à retenir pour chaque leçon. Vous pouvez copier cette page et la distribuer aux enfants afin qu'ils puissent l'étudier.

ETUDE 1

« *Car les yeux du Seigneur sont sur les justes Et ses oreilles sont attentives à leur prière, Mais la face du Seigneur est contre ceux qui font le mal.* »

(1 Pierre 3.12)

ETUDE 2

« *Car j'honorerai celui qui m'honore, mais ceux qui me méprisent seront méprisés.* » (1 Samuel 2.30)

ETUDE 3

« *Nul n'est saint comme l'Éternel; Il n'y a point d'autre Dieu que toi; Il n'y a point de rocher comme notre Dieu.* »

(1 Samuel 2.2)

ETUDE 4

« *O Dieu ! tes voies sont saintes ; Quel dieu est grand comme Dieu ?* »

(Psaume 77.14)

ETUDE 5

« *Ayez recours à l'Éternel et à son appui, Cherchez continuellement sa face ! Souvenez-vous des prodiges qu'il a faits, De ses miracles et des jugements de sa bouche.* » (1 Chroniques 16.11-12)

ETUDE 6

« *Car Dieu est roi de toute la terre : Chantez un cantique !* » (Psaume 47.8)

ETUDE 7

« *Craignez seulement l'Éternel, et servez-le fidèlement de tout votre cœur ; car voyez quelle puissance il déploie parmi vous.* » (1 Samuel 12.24)

ETUDE 8

« *Car rien n'empêche l'Éternel de sauver au moyen d'un petit nombre comme d'un grand nombre.* » (1 Samuel 14.6)

ETUDE 9

« *Samuel dit : L'Éternel trouve-t-il du plaisir dans les holocaustes et les sacrifices, comme dans l'obéissance à la voix de l'Éternel ? Voici, l'obéissance vaut mieux que les sacrifices, et l'observation de sa parole vaut mieux que la graisse des béliers.* » (1 Samuel 15.22)

ETUDE 10

« *L'Éternel ne considère pas ce que l'homme considère ; l'homme regarde à ce qui frappe les yeux, mais l'Éternel regarde au cœur.* » (1 Samuel 16.7)

ETUDE 11

« Que personne ne méprise ta jeunesse ; mais sois un modèle pour les fidèles, en parole, en conduite, en charité, en foi, en pureté. » (1 Timothée 4.12)

ETUDE 12

« Ne cherchons pas une vaine gloire, en nous provoquant les uns les autres, en nous portant envie les uns aux autres. » (Galates 5.26)

ETUDE 13

« L'Éternel est bon, Il est un refuge au jour de la détresse ; Il connaît ceux qui se confient en lui. » (Nahum 1.7)

ETUDE 14

« Ne te laisse pas vaincre par le mal, mais surmonte le mal par le bien. » (Romains 12.21)

ETUDE 15

« S'il est possible, autant que cela dépend de vous, soyez en paix avec tous les hommes. » (Romains 12.18)

ETUDE 16

« Maintenant, Seigneur Éternel, tu es Dieu, et tes paroles sont vérité, et tu as annoncé cette grâce à ton serviteur. » (2 Samuel 7.28)

ETUDE 17

« L'Éternel est mon berger : je ne manquerai de rien. Il me fait reposer dans de verts pâturages, il me dirige près des eaux paisibles. Il restaure mon âme, il me conduit dans les sentiers de la justice, à cause de son nom. » (Psaume 23.1-3)

ETUDE 18

« Quand je marche dans la vallée de l'ombre de la mort, Je ne crains aucun mal, car tu es avec moi : ta houlette et ton bâton me rassurent. » (Psaume 23.4)

ETUDE 19

« Tu dresses devant moi une table, en face de mes adversaires ; tu oins d'huile ma tête, et ma coupe déborde. Oui, le bonheur et la grâce m'accompagneront tous les jours de ma vie, et j'habiterai dans la maison de l'Éternel jusqu'à la fin de mes jours. » (Psaume 23.5-6)

ETUDE 20

« O Dieu ! crée en moi un cœur pur, renouvelle en moi un esprit bien disposé. » (Psaume 51.12)

Activités suggérées pour réviser les versets à retenir

Choisissez entre les activités suivantes pour aider les enfants à apprendre les versets à retenir.

1 Demandez que les enfants s'assoient en rang. Dites au premier de se mettre debout, de dire le premier mot du verset, d'agiter fiévreusement les mains dessus la tête, et de s'asseoir. Dites au deuxième enfant de faire ainsi avec le deuxième mot du verset. Continuez jusqu'à ce que le verset soit achevé. Si un enfant oublie un mot ou dit le mauvais mot, demandez aux autres enfants de dire le bon mot. Encouragez les enfants de dire le verset rapidement afin que les mouvements des corps ressemblent à un vague de l'océan.

2 Vous aurez besoin d'un tableau, d'un tableau blanc, ou du papier pour cette activité. Ecrivez le verset à retenir sur le tableau ou tableau blanc. Demandez aux enfants de réciter le verset. Permettez un enfant d'effacer un mot, et puis demandez les enfants de le réciter encore. Continuez jusqu'à ce que tous les mots soient effacés, et les enfants récitent le verset par cœur.

S'il n'y a ni tableau ni tableau blanc disponible, écrivez chaque mot du verset sur un morceau de papier différent, et demandez aux enfants d'enlever un mot à la fois.

3 Préparez des papiers et cachez-les en avance pour cette activité. Ecrivez chaque mot du verset sur un morceau de papier différent. Cachez-les partout dans la pièce. Demandez aux enfants de les retrouver et les arranger en ordre correcte. Récitez le verset ensemble.

4 Identifiez deux enfants qui croient qu'ils sachent le verset à retenir. Demandez qu'ils se tiennent debout, dos à dos. Demandez à un enfant de dire le premier mot, et l'autre de dire le deuxième mot. Les deux continuent, tour à tour, récitant les mots jusqu'à ce que quelqu'un fait une erreur. Celui qui l'a fait doit s'asseoir. Celui qui reste debout et le champion. Demandez à la classe entière de réciter le verset tout ensemble. Ensuite choisissez un nouveau concurrent à défier le champion.

5 Vous aurez besoin d'un bandeau pour cette activité. Demandez aux enfants de former un cercle. Choisissez un enfant à se mettre au milieu du cercle. Bandez les yeux de celui-ci. Demandez aux enfants en cercle de se tenir par la main et de marcher autour du cercle en disant « La parole de Dieu m'aide chaque jour. » Demandez qu'ils fassent ainsi deux fois. Comme cela, celui au milieu ne peut pas se souvenir l'emplacement des enfants en cercle. Lorsque les enfants en cercle ont cessé de marcher, celui au milieu montrera un enfant du doigt, et cet enfant doit réciter le verset. Dites à celui qui récite de déguiser sa voix en parlant à voix aiguë ou tout bas. Celui au milieu essayera de deviner qui a récité le verset. S'il se trompe, il montrera du doigt un autre enfant qui récitera le verset, encore avec la voix déguisée. Continuez jusqu'à ce que celui au milieu devine correctement ou devine incorrectement trois fois. Ensuite choisissez un autre enfant à se mettre au milieu.

6 Vous aurez besoin d'un petit ballon pour cette activité. Demandez aux enfants de former un cercle. Le premier enfant dit le premier mot et lance le ballon à un autre enfant. Le deuxième dit les deux premiers mots et lance le ballon à un troisième enfant. Les enfants continuent à passer le ballon autour le cercle. Chaque enfant récite le verset jusqu'à ce que les enfants récitent le verset entier. Encouragez les enfants à passer le ballon aussi rapidement que possible.

7 Vous aurez besoin des fiches ou du papier pour cette activité. Ecrivez une animation différent sur chaque fiche, par exemple : se tourner en rond, s'allonger par terre, se tapoter doucement la tête, se mettre sur une chaise, sautiller à travers la pièce, se mettre au coin, chuchoter, crier, et le réciter a un ami dans la classe. Demandez à chaque enfant de choisir une fiche et de faire l'animation là-dessus tout en récitant le verset à retenir.

REGISTRE DE PRÉSENCE

Ecrivez les noms des enfants dans les boites ci-dessous. Marquez un 'X' dans la boite de chaque leçon où l'enfant est présent. Vous pouvez copier cette page s'il vous faut encore de boites.

NOM	1	2	3	4	5	6	7	8	9	10	11	12	13	14	15	16	17	18	19	20

FEUILLE DE POINTS

Instructions:

pour les questions 1 à 15. Le niveau supérieur se sert des questions 1 à 20. Voir *Les règles et procédures officiels de concours de quiz biblique pour enfants* pour plus de détails.

Nom de l'église/équipe: _____

Noms:	1ª TOUR	1	2	3	4	5	6	7	8	9	10	11	12	13	14	15	16	17	18	19	20	Somme
	BONUS																					
	TOTAL																					

Noms:	2ª TOUR	1	2	3	4	5	6	7	8	9	10	11	12	13	14	15	16	17	18	19	20	Somme
	BONUS																					
	TOTAL																					

Noms:	3ª TOUR	1	2	3	4	5	6	7	8	9	10	11	12	13	14	15	16	17	18	19	20	Somme
	BONUS																					
	TOTAL																					

table de matières